U0033695

王貽蓀戰時日記

（1943）

The Diaries of Wang Yi-sun, 1943

民國日記｜總序

呂芳上

民國歷史文化學社社長

人是歷史的主體，人性是歷史的內涵。「人事有代謝，往來成古今」（孟浩然），瞭解活生生的「人」，才較能掌握歷史的真相；愈是貼近「人性」的思考，才愈能體會歷史的本質。近代歷史的特色之一是資料閎富而駁雜，由當事人主導、製作而形成的資料，以自傳、回憶錄、口述訪問、函札及日記最為重要，其中日記的完成最即時，描述較能顯現內在的幽微，最受史家重視。

日記本是個人記述每天所見聞、所感思、所作為有選擇的紀錄，雖不必能反映史事整體或各個部分的所有細節，但可以掌握史實發展的一定脈絡。尤其個人日記一方面透露個人單獨親歷之事，補足歷史原貌的闕漏；一方面個人隨時勢變化呈現出不同的心路歷程，對同一史事發為不同的看法和感受，往往會豐富了歷史內容。

中國從宋代以後，開始有更多的讀書人有寫日記的習慣，到近代更是蔚然成風，於是利用日記史料作歷

史研究成了近代史學的一大特色。本來不同的史料，各有不同的性質，日記記述形式不一，有的像流水帳，有的生動引人。日記的共同主要特質是自我（self）與私密（privacy），史家是史事的「局外人」，不只注意史實的追尋，更有興趣瞭解歷史如何被體驗和講述，這時對「局內人」所思、所行的掌握和體會，日記便成了十分關鍵的材料。傾聽歷史的聲音，重要的是能聽到「原音」，而非「變音」，日記應屬原音，故價值高。1970年代，在後現代理論影響下，檢驗史料的潛在偏見，成為時尚。論者以為即使親筆日記、函札，亦不必全屬真實。實者，日記記錄可能有偏差，一來自時代政治與社會的制約和氛圍，有清一代文網太密，使讀書人有口難言，或心中自我約束太過。顏李學派李塨死前日記每月後書寫「小心翼翼，俱以終始」八字，心所謂為危，這樣的日記記錄，難暢所欲言，可以想見。二來自人性的弱點，除了「記主」可能自我「美化拔高」之外，主觀、偏私、急功好利、現實等，有意無心的記述或失實、或迴避，例如「胡適日記」於關鍵時刻，不無避實就虛，語焉不詳之處；「閻錫山日記」滿口禮義道德，使用價值略幾近於零，難免令人失望。三來自旁人過度用心的整理、剪裁、甚至「消音」，如「陳誠日記」、「胡宗南日記」，均不免有斧鑿痕跡，不論立意多麼良善，都會是史學研究上難以彌補的損失。史料之於歷史研究，一如「盡信書不如無書」的話語，對證、勘比是個基本功。或謂使用材料多方查證，有如老吏斷獄、法官斷案，取證求其多，追根究柢求其細，庶幾還原

案貌,以證據下法理註腳,盡力讓歷史真相水落可石出。是故不同史料對同一史事,記述會有異同,同者互證,異者互勘,於是能逼近史實。而勘比、互證之中,以日記比證日記,或以他人日記,證人物所思所行,亦不失為一良法。

從日記的內容、特質看,研究日記的學者鄒振環,曾將日記概分為記事備忘、工作、學術考據、宗教人生、游歷探險、使行、志感抒情、文藝、戰難、科學、家庭婦女、學生、囚亡、外人在華日記等十四種。事實上,多半的日記是複合型的,柳貽徵說:「國史有日歷,私家有日記,一也。日歷詳一國之事,舉其大而略其細;日記則洪纖必包,無定格,而一身、一家、一地、一國之真史具焉,讀之視日歷有味,且有補於史學。」近代人物如胡適、吳宓、顧頡剛的大部頭日記,大約可被歸為「學人日記」,余英時翻讀《顧頡剛日記》後說,藉日記以窺測顧的內心世界,發現其事業心竟在求知慾上,1930年代後,顧更接近的是流轉於學、政、商三界的「社會活動家」,在謹厚恂恂君子後邊,還擁有激盪以至浪漫的情感世界。於是活生生多面向的人,因此呈現出來,日記的作用可見。

晚清民國,相對於昔時,是日記留存、出版較多的時期,這可能與識字率提升、媒體、出版事業發達相關。過去日記的面世,撰著人多半是時代舞台上的要角,他們的言行、舉動,動見觀瞻,當然不容小覷。但,相對的芸芸眾生,識字或不識字的「小人物」們,在正史中往往是無名英雄,甚至於是「失蹤者」,他們

　　如何參與近代國家的構建，如何共同締造新社會，不應該被埋沒、被忽略。近代中國中西交會、內外戰事頻仍，傳統走向現代，社會矛盾叢生，如何豐富歷史內涵，需要傾聽社會各階層的「原聲」來補足，更寬闊的歷史視野，需要眾人的紀錄來拓展。開放檔案，公布公家、私人資料，這是近代史學界的迫切期待，也是「民國歷史文化學社」大力倡議出版日記叢書的緣由。

導讀

民國歷史文化學社編輯部

一

　　日記、書信是研究人物及其時代最重要的一手材料，它不只透露著作者的真性情，而且展露那個時代的訊息。與檔案文書、報刊、方志等資料相比，書信、日記類史料別有意味，利用這兩種特色史料研究近代史，漸成方興未艾之勢。

　　私人書信，包括與家族成員、親戚、朋友等之間的書信往來，是典型的私人文獻。書信讀來親切，語言沒有雕飾，意隨筆到，多是坦露衷腸之言。這些信函原本有很強的私密性，只是為了完成即時傳遞資訊的目的，並無公布於眾的考慮。在史家看來，這類「講私房話」的原始文獻，一旦被保存、披露，可信度更高。

　　私人日記是「排日記事」，一般是當天所寫，也有數日後補寫的，經過逐日、逐月、逐年記錄，累積而成。這種在光陰流轉中逐步形成的編年體文獻，將作者的言行、見聞、思想乃至情緒，隨時定格、固化。日記的「原始性」也因此而與眾不同。

　　民國歷史文化學社在《關山萬里情：王貽蓀、杜潤枰戰時情書與家信》之後，陸續推出《流離飄萍：杜潤枰戰時日記（1939）》、《王貽蓀戰時日記》，在書信與日記交錯之間，更進一步理解那段顛沛流離的戰時歲月。

二

　　王貽蓀（1918-2009），江蘇江陰人。1934 年畢業
於江陰長涇初中，後入江蘇省公民訓練師資養成所，初
任教江陰縣夏五鄉民眾學校，1937 年 1 月調任石莊鎮民
眾學校教員，同年 9 月受任校長，從事民眾教育工作。

　　此時中日戰火已起，江陰行將淪陷，1937 年 11 月
28 日，奉令結束校務，向漢口移動，12 月 30 日，隨父
親王仲卿撤抵漢口。隔年 1 月，保送入湖北鄉政幹部人
員臨時訓練班受訓一個月，再參加湖北省政府鄉政服務
學員特殊訓練半個月，結訓後分發江陵縣擔任鄉政助理
員，先後派駐第三區署（岑河口）、第六區署（彌陀
寺），輔助鄉政建設工作。1938 年 11 月離職轉往湖南
沅陵，擬入軍事委員會戰時工作幹部訓練團第一團，不
意錯過考期，只得暫入通信隊接受無線電技術訓練。
1939 年 1 月，隨隊移駐瀘溪浦市鎮；4 月，奉令移駐四
川綦江，轉徙千里，於 5 月 21 日抵達。

　　1940 年 1 月考入軍委會戰幹團第一團。6 月 1 日，
團內異黨案起，即所謂「綦江事件」。王貽蓀被誣指
為共產黨，但未被禁閉。10 月自戰幹團畢業後，奉令
分發第六戰區政治部（湖北恩施）見習，派任至軍事
委員會特務二團政治指導室。1941 年 3 月，正式赴外
河沿從事政工工作，為新兵二連代理連指導員。6 月
奉調回第六戰區政治部，委任第四科中尉科員，負責
人事行政業務，兼負戰區特別黨部組訓。1942 年 9
月，改至綦江導淮委員會任職。1943 年 5 月，遷往重
慶，擔任後方勤務部特別黨部幹事，負責文宣工作。

1945 年，轉調中央黨部組織部軍隊黨務處，隨後又調三民主義青年團中央團部編審室。戰後復員，續在南京三青團中央團部編審室服務，主持《模範青年叢書》出版業務。繼調中國國民黨中央執行委員會青年部幹事，負責學校文化宣傳。

三

目前所得王貽蓀日記，起於 1941 年 1 月 1 日，戰幹一團畢業後分發至湖北恩施見習時，止於 1945 年 6 月 30 日。王貽蓀何時開始書寫日記，無從得知，惟 1941 年日記中有言「謄寫前月日記來此冊，迄二月十一日。」（2 月 25 日）合理推測 1941 年前至少應有一冊日記。至於 1945 年 7 月以後的日記，亦尚未尋獲。王貽蓀身歷 1940 年的「綦江事件」與 1949 年的「海軍匪諜案」，或許是前後日記隱而未現的原因之一。

細讀王貽蓀的日記，內容極為豐富詳細，包括戰時生活的衣食住行，流離中的努力求生存，各種尋工作、覓調職間的酸甜苦辣。1941 年，王貽蓀在連指導員任內看盡新兵訓練問題，1942 年，在司令長官部政治部主管人事資料。1943 年，他調往後方勤務部特別黨部，管理兵站黨部的工作月報。「檢查各級單位卅二年度送工作月報者，僅區黨部十二單位、區分部九單位而已，尚不及全數四分之一」（5 月 13 日），基層黨部工作的不盡確實，使他多所感慨，經數月整頓後，方漸上軌道。在私人方面，王貽蓀原訂的婚約因抗戰日久而取消，他於是面臨了婚姻問題。由於戰時青年多是離

鄉背井孤身出走，只能靠自己覓求對象，「囑戀愛可談則談，不可則待至事業有望需賢內助時，為之物色不遲也，以此自苦，殊不值得」（5月9日），處處可見他們的人生煩惱，也顯示了在烽火下，那一代許多年輕人共同經歷過的苦惱。

除了日常所見，王貽蓀在日記中也處處記錄自我充實的過程，例如聆聽演講與訓詞之大意、閱讀報刊時摘錄之內容或心得，對於寄出的書信與親友的來函，或謄寫或摘要，亦詳實記下。另也有生活間的零散資料，如 1941 年的收支帳、私人什物書籍備查表等，1942 年則有工作與讀書摘要、生活檢討等項，均為這段時期後方生活的重要資料。而王貽蓀不僅收藏日記與書信，舉凡人生各階段的學歷證件、人事派令等等，歷經戰亂而保存完整，內容多樣，令人驚嘆。隨著日記的內容，並將此類文物酌採附之，以期圖文參證。

四

在編輯日記與書信的過程中，看到大時代的點點滴滴，有日理萬機的決策過程，有埋頭苦幹的辛勤工作，也有炙熱的戀情與真摯的家庭關愛。如此點點滴滴的經營，終匯聚成歷史研究的洪流，拼湊出各階層的圖像，實值得吾輩繼續挖掘。「王貽蓀日記」提供抗戰時期黨、軍、團的基層工作情況資料，極屬少見、難得，本社獲得這批重要而珍貴的歷史研究材料，自當對王氏家屬致以最高敬意。

編輯凡例

一、本系列將出版王貽蓀先生 1941 年 1 月 1 日至 1945
　　年 6 月 30 日之日記，本書收錄 1943 年 1 月 1 日
　　至 12 月 31 日。

二、本書依原文錄入，錯字、漏字、贅字等均不予更
　　動，異體字、俗寫字一律改為現行字，無法辨識
　　文字則以■表示。

三、原文中以蘇州碼子標記之數字，皆改以阿拉伯數
　　字呈現。

王貽蓀 1937–1943 年行跡

1937 年 11 月　隨父親遷武漢

1938 年　2 月　受湖北鄉政幹部人員臨時訓練班訓練
　　　　　　　　後，分發江陵縣任鄉政助理員

1938 年 11 月　赴沅陵投考戰幹一團未果，改入通信隊
　　　　　　　　受訓

1939 年　4 月　隨通信隊移綦江訓練

1940 年　1 月　考入綦江戰幹一團受訓

1941 年　1 月　受訓畢業，分發恩施第六戰區政治部見
　　　　　　　　習，後入特務團任政治指導員

1941 年　6 月　調回黔江第六戰區政治部

1942 年　9 月　至綦江導淮委員會任職

1943 年　5 月　遷重慶新橋，任後方勤務部特黨部幹事

附圖

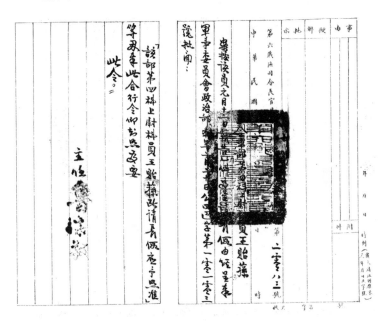

第六戰區政治部訓令

第六戰區司令長官部政治部訓令

中華民國三十二年三月一日

令本部第四科上尉科員王貽蓀

案據該員元月十二日報告乙件為呈請長假由，經呈奉軍事委員會政治部本年二月二十四日公四巴字第一零一零三號批開：

「該部第四科上尉科員王貽蓀所請長假應予照准」等因，奉此合行令仰知照為要。

此令

主任　魯宗敬

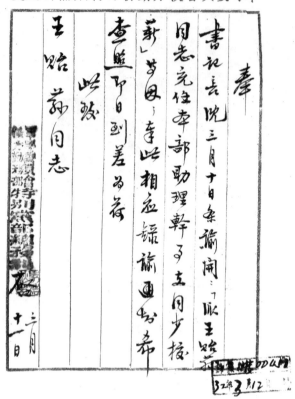

後方勤務部特別黨部錄用函

導淮委員會綦江水道工程局第三工務所用箋

導淮委員會綦江水道工程局第三工務所離職証明書

茲有本所工程員王貽蓀准請長假業於三十二

年三月十八日離職特此証明

中華民國三十二年二月十八日

工程員王貽蓀收執

主任工程員王貽蓀

工程 王腑仲信

導淮委員會綦江水道工程局第三工務所離職證明書

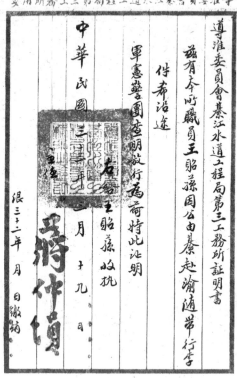

導淮委員會綦江水道工程局第三工務所證明書

中國國民黨中央執行委員會組織部任用為軍事委員會
後方勤務部特別黨部助理幹事任用書

重慶市居民身分證

目錄

1943 年

1 月 1 日

　　從去年興高采烈的元旦，到埋頭工作的今年元旦，從前方過元旦轉移到後方過元旦，從政治生活的元旦踏進到工程界的元旦，從伙伴精誠到比不上伙伴精誠的地方過元旦，回憶與檢討，無限留戀慨然！

　　大地回春，旭日照耀大自然，放出萬丈光芒，象徵勝利的蒞臨。迎接吧，一九四三年是擊潰暴敵的開始，更或是光榮勝利的凱旋呢。

　　怎樣把握前進，作最大的努力。今年也許是我的轉向年，希望自己能在理智與命運的指示中，作最大的慎謹的邁進，切莫再踏徒勞的路，荒廢了你可貴的青年時代。「時光不再」，在生命的記錄中已刻下二十五年的奮鬥史。雖你是在痛苦淬勵上進的戰鬥中前進，但前途的艱難，仍有待於千百倍的奮鬥突進去創造。貽蓁乎，勉哉！勉哉！

1 月 2 日

　　接文燾自樂山來書，蒙贈大渡河橋影壹，至感。

　　新年開始，應即作新的計劃，擬明日開始訂定而為施政之標的也。元旦攝二寸美術照壹楨，預備添印分贈友好也。午後在會觀劇，並訪志英姊之。

　　今次元旦照常辦公，僅午後自行休假半日而已，誠開生平服務之先河矣。

1月3日

遵父囑去信重慶新橋薪薪煤行探翁思信先生近況。致克誠信由軍需署龔保林代轉。接祝平信，知已抵李莊就讀，旅費由昆至瀘，費去叁千元，可謂巨矣。現時讀書誠非易事矣。晚與炳林座談選配問題，頗發嘍。此乃因本所今年將有六對新夫婦出現，而引起之快談也。余以無論如何，以能吃苦耐勞、勤樸之女子為首要。稍識文字，能通書信，亦一要件，則以後互助濟事，方有成也。

1月4日

天氣轉冷，已入冬令之氣候矣。工場工作，旁臨大江，恰是別有冷冽風味。天寒思衣，今年得公家發夾大衣一件，亦幸矣。讀時事新報元旦增刊，資料豐富，對一九四二年之認識更深矣。

1月5日

讀朱光潛先生對於青年與戀愛一文，覺其二點頗為重要：（一）應以三十歲為正當的結婚時期；（二）很少與女子接近的人，很容易一遇到女子就認為好的。甚值為余深醒，故錄此惕之。

1月6日

閱報悉湖北省縣長考試發榜，前六政一科何科員伯言錄取為縣長，並分發五峰縣云。何科員平日能努力進修，及時準備，故果能如願以償也。設能再事忠勤工

作，善此待人接物，諒必可成矣。至此，知努力耕耘之後，收穫自可至也。昔日同事時，曾有志共同工作，余蓋羨彼之能向學不休，而彼喜余之能奮發工作也。去歲於九月一日同時脫離六政一科，今撫額追思，殊為神往矣。

1 月 7 日

閱鄒韜奮先生所著事業管理與職業修養，謀以有助於今日致力管理工作之借助，藉以調劑今日工場生活所感單調乏味中之悶苦也。近日精神欠暢，因有傷風象徵，及大便不暢之因也。

1 月 8 日

在工場附近，偶來一販糖零商老人，鄭工程司即欲向其購白糖四兩。俱知老人用秤係二兩起秤者，故四兩重時即已抵六兩記號上，故老人竟索六兩之價。後被另一人發現此種弊病，老人方照價補糖。甚矣哉，今日為商之欺也。

1 月 9 日

本所工場上應涉及經濟之手續，故發生信任問題，是故乃由先生發記工籌碼之舉亦產生矣。中國人的確一經手到經濟就會揩油舞弊，何況當事主管和經理會計與總務的人，人們也必定認為絕對會揩油的呢。因著此種心理病態的發生與矛盾的存在，所以同仁中更複雜化了。有能力的可以疑信其會舞弊，無能的當然會錯誤，

所以進一步潔身自好的也可以撇爛法了。一切的一切，我真廢然。下午，在個人感覺性情不暢，所以脾氣常在心中冒上冒下的，怪不高興。巧遇石工周友元不聽指揮，就給他打了一尺，雖原想給警告打鐵棒上，但竟打了手指。事後也覺化不來，自己太心燥急了。為了增加工作的煩累，晚間僅有的時間也勢將剝奪，內心真是十二萬分的不高興，真是找不到發洩的地方哩。月來無心讀書，肚子也不正常，時患稀瀉，真的有些不知所云矣。

1月10日

加洗照片肆張，價廿九元，預備分贈桐哥、月姊、文燾及壽昌也。學生服兵役已勢在必行，此種賢明之措置為加強舉國軍事的認識及提高軍人之地位，及普遍提高國人——尤其是智識份子——確屬至今日最要者也。同事陶君正高中畢業生，且準備投考大學，聞悉高中生須服役後方能升學，頗為著急矣。此係反應國人一般仍害怕當兵為危險也。此種現象，恰只有從智識人員之服役起而糾正，方為得計也。晚洗浴，天仍冷，強洗而矣。

1月11日

接祝平來信，知近甚佳，惟經濟稍困。擬寄洋貳佰元之。工場怫逆之事太多，心情至悶。上午又打工人一人，其實亦無聊矣。明日本所破題兒開座談會，徵求同仁提案，余乃與炳林等合提數案之。

1 月 12 日

身體漸感困倦，精神至不暢快所至也。對現實工作不滿前進之希望，此乃之因所在也。接祝平信，知在昆，桐、祝精神快慰，正擬有機共赴工作為快。

1 月 13 日

本所舉行第一次同仁座談會，討論業務及福利事項，於晚七時於會客室舉行，全體同仁出席參加。由主任蔣仲塏擔任主席，報告本所自三十一年二月復工後之一般情況，對於前主任陸丹右之闢劃，備為推崇。自稱自去歲十一月份起，為追隨舊規努力，而對同仁之不辭辛勞努力，更為致敬意焉。旋對余等之提案加以說明及解答，繼即同仁討論開始，但會議精神殊令人不滿。值討論伙食問題時，同仁更抱自私觀點，不能坦白真誠討論。雖主觀方面，對現行伙食不能維持營養之要求，為同仁所不滿，但會議公開討論之精神，則實未能發揚也。余為中和計，對伙食提出成立委員會負設計監察之責，嗣以四票通過之。以二十餘同仁參加之會議，付決議時投票者僅十人，竟以四票為最多數票而通過決議案，此實為余平生參加會議首次怪見也。

1 月 14 日

向當局預支元月份薪津國幣陸佰元整，旋抵城逕匯祝平弟處貳百元整，復購洗臉盆壹個，價洋貳百四十元整，並囑公役購年禮物，價壹百五十元。一日之間，陸百元告盡矣，今日金錢之不足用，誠奇矣。接壽昌自六

政來函，謂志切前方工作，已蒙念公邀准外調新廿三師
政治部科長，即可束裝征途云。接育興兄信，謂決意來
渝設法求學，其志可欽，余亦苦入學無門為苦極矣。今
無力助其有成，良心悵然。

1月15日

　　閱報，中央日報十二日載國民政府一月十二日令，
我政府已與英美政府正式簽訂平等之新約。從此一百年
來不平等條約之束縛解脫，國父叮囑之廢除不平等條約
得以實現。內容為廢除英美在華之治外法權及其他有關
之特權，並各廢止一九〇一年九月七日在北京締結之辛
丑條約，同時英美兩國政府宣布上海與廈門公共租界內
之行政與管轄權應歸還我國，租界內之所有權利亦均放
棄。其與英國簽訂之條約中，英國政府更放棄天津及廣
州租界內之各種權益。此外英美兩國復將其在吾國內河
與沿海航行之權一併取消。此後吾國已獲以完全獨立平
等自由之地位，與維護和平正義之國家齊頭並進，自必
益懷其所以得之之艱難，淬礪奮發，自強不息。而凡我
國民，對於各友邦人士更應宏揚其自尊自重之心，勉循
講信修睦之訓，推誠相與，務使一切言行悉合國際最高
標準，藉與友邦共負重奠世界之重責。

1月16日

　　得翁思信先生自渝新橋樵莊後勤部特黨部來信，知
近甚佳。余被選為本屆公共食堂首位幹事，但首次幹事
會即流會。復桐、翁、典之、育興等函。近日肚痛，有

患痢象症。

1 月 17 日

肚瀉見劇，遵炳林言，食燕醫生補丸三枚，此為治痢名藥。下午，果行劇瀉，並腹痛甚劇。余讀老舍的我的母親，引起創痛的回憶也，想起了慈母的一切，悵然說不出話來。下午因瀉劇，不復上工矣。晚參加公共食堂之幹事會，討論僅見端倪耳。本所津貼之以同仁分配，眷屬無之，此為焦點也。

1 月 18 日

續服燕醫生補丸二枚，意欲徹底肅清肚中之不良因素也。作家信等八通。上午上工後復回之，乃精神不克也。午後孫辦事員與王會計在辦公廳作意氣爭，殊令人不勝……矣。

1 月 19 日

接父親十二月二十四日發信，知家鄉治安尚佳，農、店亦利，至慰。物價高昂，則與後方相似也。知穎弟曾臥病，但已瘥，囑病後善為調治。且彼以高小畢業，今後欲在商場努力，似尚不足，故盼督令進修國文及補充常識之。繼母視弟妹如己出，至慰。果能如此，則先母在地下能瞑目，貽等返里，亦當待之如先母也。助父親主持店業，備為辛艱，恰屬至佩。近年家境漸佳，謂今秋入錫偉大綢莊股六千元，今冬則擬在祝輪船碼頭由黃世良新創之源大油并廠入股貳萬元。知近年吾

家已立復興之基，則戰後自辦小工業，恰屬可能矣。來
論勉多留意焉，婚事在東海者已於六月解決，至今已無
音信，對此事來論謂「平平無所得失」。余意既已解
決，何必誤人青春，可不再過問也。戰後余自選佳人，
諒亦至易也。信即復。

1月20日

　　至美亞照相館取添印之去背景白底相片四張，似覺
尚可，當即寄家中父親壹楨、老友文燾壹楨。晚與炳林
閒談家庭情形，一幕一幕的家庭史湧現目前，對祖母之
偉大，除引欽佩而起無限之感觸，而祖母之於我，在家
庭教育中實佔首位。余今之秉性純潔忠誠者，自知得力
於祖母之育焉。

1月21日

　　報載同盟國將舉行「四強戰略會議」，至為興奮。
而新疆省黨部之成立，由盛主席兼主任委員，足見新省
之進步神速，裨益抗戰與建國者，實至巨矣。近旬來同
仁之負責精神銳減，此乃勞逸不均及少數同仁自私怠工
所引起者也。余勉侯澈能從逆流中支撐之。近日工場閱
報之風頗甚，此種寄以調節興趣之意義舉動，似不無原
諒也。

1月22日

　　近日肚瀉已愈，雖覺面部稍瘦，而精神已暢。所中
近來同仁閱報之風頗甚，余與炳林亦合訂大公報壹份

之。近以調劑工場單調生活起見，擬即利用工場暇時，分別抽測當日報章，每週則利用瀏覽中周之。此種舉動雖稍影響工作，但大體上似可原諒者也。較之少陶之惟讀書主義，當不能相提並論矣。韜奮著事業管理與職業修養一書讀完，確認服務精神為處事成功之唯一要訣焉。

1 月 23 日

本所今晚為慰勞同仁起見，特備佳餚款待之，並謂王會計文洪訂婚，表同仁之賀意也。水電廠同鄉吳中偉已於日前舉行閃電式之結婚，此舉予本所同仁精神實一至大之威脅也。

1 月 24 日

今日為各機關例假之星期日，故本所工場到參觀與視察之人員特多，有沈副委員長百先、梅處長成章暨太太、林總工程司平一及本會各科組長等，並有華僑參觀一行四人。下午本所同仁公宴吳中偉夫婦，但事前余以專心工場方面，未及分心其他之活動，而庶務老爺亦以余之地位或低，並未通知。因而此理該參加之敘會，竟未得參與其盛，私心殊為悵悵，意興不舒，乃飯後即睡也。值蔣先生有事呼我時，亦已睡矣。衷心至不快，目擊以地位之低，竟遭人卑視，實為余之莫大恥辱，且亦該會惡風之盛，更為深痛。今後惟有刻苦自勵，自立自強，方得湔雪矣。乃於日記本之封面，書此以刻骨銘心之自勉也。

1月25日

下午一口氣讀閱完了中周五卷之第二、三期，在工次無聊時，則默讀新學的萬國音標文字。晚為準備參加中央團部論文計，搜集有關新約資料，並加於剪貼之整理。記得去年參加論文比賽，也是苦心自勵而成，未卜此次能如願寫成否。閱中央日報藝林「寫作與天才」，知道「寫作最要緊的還是追求深邃的教養、廣大的眼界和充實的生活，然後再以堅強的意志和刻苦的精神，從不斷的工作中、不斷的學習中去求進步、求成功」，而「天才的成功，一分依靠志願，九分依靠流汗」，這深深啟示我了寫作的成功，厥在肯否流汗，而過去一度的經驗，也確是符合這原則的。某外人評國人曰：「中國人的一般生活，可以分四個時期。第一時期為十八、九歲的求學時期，是站在時代前面走；第二時期是二十八、九歲，剛入社會服務為與時代並肩向前走；第三時期為三十八、九歲，服務社會較久，這時期是落在時代後面走；第四時期是四十八、九歲，洞悉世情，敷衍搪塞，為已不想走而被時代拖著走。」誠足吾人深醒惕勵也。

1月26日

晚在炳林處讀開明活葉文選，至感暢快。夜起床小便後性慾衝動，無法自制，經過劇烈之手淫，精神誠吃虧不小。此種行為雖自知有傷身體之健康，然斯時無法避免，誠屬嚴重之問題，今後仍當經加強理智之統制而力戒之。旋即腹痛，竟起床患瀉，誠身體之易壞矣。

1 月 27 日

上午至鶴亭家晤志英姊，略談一切，知鶴亭已抵陝西西安矣。旅途之艱困，較之來此時尤過也，西北之寒冷尤為嚴重，似非皮衣不足禦寒也。由渝至西京，車多拋錨，旅費花費近五千元，可謂今日旅途之苦矣，此誠係余赴西北之一脅迫也。今日精神欠佳，手淫之有傷精力，至屬顯然，雙眼發青圈更為事實之警告。日後更當自制而力戒之也，身體第一，不可忽也。

1 月 28 日

昨夜繼為夢遺，殊為苦矣。上午精神欠佳，乃在工場散步怡神為暢。

1 月 29 日

在工場以工務稍暇，乃返寢室休息，整理書物以自慰。午後陽光初現，意欲去農場一遊，以快心情。然適值中渡，巧遇炳林舊同事來訪，乃隨同其入城矣。語次知四所之水準儀遺失，誠屬不可思議之離奇也。晚以唐詩抄錄數首自吟為快，年節將近，唯此乃可稍悶耳。

1 月 30 日

報載自一九四三年一月十四日至一月二十四止，美國大總統羅斯福與英首相張伯倫及美、英兩國軍事最高將領，暨戰鬥法國領袖戴高樂與北非高級委員吉羅德等舉行使敵人「無條件投降」之會議。決議本年攻擊之計劃，以腰擊軸心減輕紅軍之負擔，並保證援助偉大為共

同目的奮鬥之蔣委員長，須澈底擊潰德、日，而消滅其
獨佔遠東之企圖，北非政局亦告澄清。另訊則有芬、義
人員參加云。近日利用工次餘暇背誦唐詩，以調劑精神
焉。（卡港舉行）

1月31日

　　晨起至早，擬即改正近日之散漫生活也。肚不暢，
擬從定量飲食下手。

2月1日

　　預支貳月份薪津肆佰元，赴城理髮，貴為拾伍元，誠屬空前矣。購衛生衣壹件，計價貳佰貳拾元。適同學余致毅略談渝地同學茶會情形，計到會約二千餘人，可謂一時之盛矣。知漆楚斌已離通隊他往，叨在舊知，擬稍似問慰之意，乃抵該隊一晤，並贈旅資百元。得晤何光耀同學，以其苦學竟成，現任二補一台台長，殊為愉慰無窮，證此則事無艱危困難，僅在吾人之奮鬥克服耳。本日為所中復工之紀念日，一年來尚能迅赴事功，得今日之成績，可慰。晚飯並加油焉。

2月2日

　　天氣陰沉，又值近廢曆年節，工場已有零落之感。此乃一般民眾唯一之休息與享受快樂之節候也。過年經濟不足，又復預支貳月薪津貳佰元，擬購中周叢書二種，並連訂中周全年。偶感問題數則，敬向百川先生詢之：（一）為水利訓練班之辦否？（二）能加速發行否？（三）有西北介紹之書刊否？（四）陳述對於學生服役之意見——參加中央幹訓團正式受訓。

2月3日

　　近來同仁工作情緒降落，確屬事實，故今日蔣主任對數同仁提出提早上工之要求，似非苛責。但當局擬明日（除夕）照舊上工半天，惟亦屬過分之要求也。下午赴郵局匯寄購書法幣伍拾圓，此乃對自己過年之禮物也。購糖果一斤（26元），擬送勉勵新年吃者，而竟

自食矣。

2月4日　大除夕

在緊張的工作中渡過上午，象徵工作是重於一切。

午後約炳林、正才、澈，同赴花石子（大華閘壩）暢遊，抵綦江大遊戲院時，並入內一參觀焉。旋經沱灣，分乘四馬前進，此乃前於沙市時所熟乘者，瞬已五年未騎矣。抵橋河場後，即向目的地前進，炳林與澈以人熟未便，僅正才與余前赴參觀也。遙聞水聲潺潺，近則白浪翻騰，奪人喧目，偉大之感由然而生。抵壩址，分別參觀啟閉閘門，及上下游船駛出，一切手續殊稱便利。附近地勢廣寬，佈置幽靜，又誠使人無限向往焉。返橋場，即徒步徐徐返綦回所，誠快甚。

2月5日　舊曆年初一　陰雨

晨起，互相恭賀新禧，道新歲幸福也。繼至菜壩鶴亭家拜年，勉、勵二姪活潑可愛，以糖果、餅乾、押歲金娛之。本會拜年之風甚暢，絡續於途也。志英姊烤年糕余食，乃故鄉做年糕、豆糖、花生糖、炒瓜子、花生等情景，群現於眼矣。晤談別後每度佳節，未得家人團敘，則思親念兄倍為觸景，悵然。旋進麵點，賞家鄉風味。午後返所，晚與炳林讀古文為娛。

2月6日

天時轉寒，瑞雪和雨而舞。起甚晏，旋進麵點，與炳林、侯澈二君學五子棋為娛。作家書及桐哥各一，讀

報以自遣。回憶去歲今日，同學相聚之歡，今各分飛，
能無悵乎。

2月7日

天仍飄雪，停工，在家以五子棋為娛。午後天晴，
與炳林赴綦江大戲院看川戲。此為初次，目擊淫蕩下
流，不足為娛樂之助，遂廢然出。街頭冷落異常，風雪
後途更泥濘，毫無新年景象。過戶之傍，知「馬將」為
唯一之新年娛樂，此種惡習深植社會，即吾所智識界之
同仁亦不復例外，是可浩歎。乘興赴郊外「農場」遊，
雖途險滑，亦強為前行。農場為昔母團唯一之大集合
場，團部在焉，今已由憲兵補二團駐戍。景與昔殊，觸
景傷情，感慨於懷。旋入農場旁新建「綦中」房舍參
觀，徐步返所也。

2月8日

今天是陰曆年初四，工人到工場來開張，照例燒香
放鞭炮後，齊動手開始，打一回就停工了，且聲稱要工
務所以點工給工資哩。天氣怪冷，坐在寢室也不安心看
書，四天新年總算冤枉過去了，自己也莫名其妙的好
笑。綦城怪清寂，簡直無聲無臭。幸晚本會舉行遊藝，
五時去看了它，但話劇「野玫瑰」是完全失敗的。返所
已深夜，簡直似乎有些得不償失哩。

2月9日

近月來肚子始終沒有好，似痢非痢，但總是帶些紅

血於尾頭，的確是相當嚴重了。身體日覺軟弱，很想設法給它治好。早日吃一個燕醫生補丸，上午似好，但下午仍拉紅了，擬明日再服一丸。與鄭助理工程師談前途，限於學歷，自己相當恐懼於心。此種心神不寧，受損至巨也。

2月10日

早晨又吃了一粿補丸，希望從速止瀉。為了惦念肚子，精神吃虧不小，為了前途發展的焦慮，卻也傷神太多。傍晚接讀偉哥來信，帶來了不少的快慰，裡面附來了父親的信、芳妹的信、仕妹的信——意料之外的一封信——真是收穫不少。從偉哥的信中，知道在昆負擔很重，最近又將懷兒，更以不勝孩提為苦，桐哥則甚忙也。從爸信中知道淪陷區的財迷，也和大後方一樣神通。穎弟患病獲痊，並得潘家外祖母的極力照顧。知家庭繼母頗賢，至以為慰。從芸妹信中，知家鄉仍欠平安，時有搶劫，而文字進步甚速，甚慰。從仕妹致偉、祝二哥函中，知程度相當好，且性情似溫靜也。偉哥欲以仕妹向余介紹，祗自覺愧，恐不勝仕妹之要求也。欲以芸妹介紹祝哥，余以為甚可，但問題在戰爭何日結束，俾得觀成也。

2月11日

肚瀉見劇，決心明日清瀉，餓肚以治之。工場清閒，以英文自習之。腦不可空，身不可閒，一空閒則思慮紛繁，精神苦矣。

2 月 12 日

下午三時吃補丸三個，到晚上九時許，即劇瀉，連續三次。目的在求速愈，故晚飯未吃，僅吃大量開水洗腸而已。

2 月 13 日

以患瀉日劇，精神疲困，乃請病假貳天，以資調養之。天時陰雨，不能散步郊外，乃作靜坐，研讀新政論著。

2 月 14 日

今日繼續休息，肚瀉轉輕，諒可獲愈。僅日食稀炒米粥三頓，對鏡一照，似已稍瘦矣。近日炳林面瘦，研討致病之因，實厥為理想遙遠，苦不能達之煩悶所致。理想而成傷神之空想，或傷神之幻想，誠不自知之甚矣，自惕。近週又復開始寫靈飛經，頗覺進步，自己安慰不少。

2 月 15 日

肚瀉尚未痊愈，但略減輕。今日開始照常飲食，惟酌減食量，工場則照常上班也。閱大公報載中國鄉村建設育才院附設水利專修科（四川省政府合辦）招生，名額為四十名，年限為二年，資格為高中或同等學力者。招生處為重慶曾家岩求精中學內，考試科目為筆試（公民、國文、中外史地、數學、生物、理化、英文）及口試、體格檢查。余擬及時努力，明春得一試，則幸矣。

2月16日

　　肚瀉減為二次，精神亦似稍佳，諒可獲愈也。在此間爭取學習及自習之機會頗難，況程度所限，自學匪易，更不得同志齊心共赴也。故精神之苦悶，引起身體之日落矣，瞻念前途，至以為恨。擬最近三月中去渝一遊，以償抵重慶觀光之宿願，並晤各友好，以求渝市方面可否得一妥善之地位工作。果能如願以償，則屆時本所工畢，即可作脫離計矣。

2月17日

　　發乘風、賢文各一信，擬三月中赴渝一行也。羅斯福總統於林肯誕辰紀念日發表演說，申述將在亞洲中國大陸及日本本土發動有力之空中攻勢。值此安諾德及狄爾在渝與委座會談之後，接著蔣夫人在華盛頓與美當局會談，諒此種打擊敵倭之行動，必能早日卜其實現矣。肚瀉似可愈矣。

2月18日

　　清早起床後大便，發覺瀉症已愈，內心無限快感，精神至慰。午前赴大常發電廠工地參觀，並悉鶴亭兄已安抵大荔甚佳。近日開始繼續複習英文及代數，稍有進境。

2月19日

　　午前陰雨連綿，但仍照舊工作，工場生活，恰似刻苦矣。午後則以今天為舊曆「過大年」的十五「元宵

節」，故工人泰半未上工。在家與炳林研習水準儀之使用法，稍有心得。精神覺困，肚瀉果復發也，殊有不快。得中周社寄來函購之「柏林日記」壹冊，此乃新年對自己之禮物，尚有二冊當可讀到。今年當酌購新書也。

2 月 20 日

得鮑厚成信，知已到渝江家巷經濟部日用品管理處服務。接虞子貞信，知已到衡山營大陸商場，棄公務員而為商人矣。消化仍現不良狀況，內心至為懸懸。疲勞之後，更覺精神不濟，身體之差，自己真不知其理矣。似宜請侯老先生酌進補劑，以為調理之效也。

2 月 21 日

今日雖到街上預備請侯先生診治，然終未果也。晨起肚瀉紅尿褲中，上午精神至悶也。今早又復見稍佳，但下午仍見患紅似血者，常此而成慢性腸疾，亦非宜也。明日仍宜請諸醫診治之。

2 月 22 日

接乘風兄來函，謂已代介紹於後勤部特黨部為上尉助理幹事，囑即離此赴渝可也。適該部有親戚翁思信供職，故亟去函詳詢究竟，以便決定也。但此處遽去亦似情難卻，意中最好能在三月中赴渝時再決定之。此間果能調適當工作，亦惟常非好也。

2月23日

　　本會新製發之職員夾大衣，今日到所，質樣尚可，同仁皆大歡喜，咸試新一漂亮矣。晚購金指環話劇卷參觀於綦江大戲院，該劇為第二補訓處創造劇團演出，首次公演尚稱良好。

2月24日

　　本日許世英、陳光甫二氏蒞工場參觀工程，由沈副委員長陪同也。午後精神疲困，乃因早晚看劇之故。然同仁中有喜方桌之喜者，每深夜而不睡，或竟終宵達旦，而不知困，是真奇矣。今晚冒勇氣洗澡壹個，意中為衛生診治矣。

2月25日

　　日來為保養精神，書本已擱了沒有看，為前途的工作也實在傷腦筋極了。渝友約赴後勤部特黨部工作，似亦尚可。但離六政又何必呢？但工程缺乏興趣與學資，亦至感苦，想來想去，人生至煩悶矣。

2月26日

　　患瀉似已告痊，近日精神轉佳多矣。接翁思信先生自渝後勤部特黨部來示，告該部一切情形，並表歡迎前赴工作。彼現任該部會計股股長，與諸老同學皆相好，並可向書記長進言。設欲離此他赴，則後勤部似為理想之環境矣，但目前此間礙於鶴哥之情面，忽來而欲忽離，似難啟口也。另一面則待遇確屬較高，但精神之暢

快，渝地又勝矣。此乃不能決矣，故急書翁先生問可否待四月中決定，以便三月中去渝時面商一切。另則書桐哥及鶴亭哥分別同意也。果能赴渝，則時間之控制及進修機會，當能較多矣。

2 月 27 日

發桐哥航快及翁思信與諸同學信共七件，晚復書鶴亭哥航空信乙件。赴渝事在心中纏繞不安，人生正不復知如何是好矣，但以去渝者為贊成多。此誠以貽非工程之人才，此間之發展至受阻困也。

2 月 28 日

十時許赴金陵館吃包子，此為患瀉後首次食肉，味頗佳，似祝地之小饅頭也。旋赴郵局寄鶴亭快函後，即到柑子林夏家院子英姊處。讀鶴亭來信，知已從大荔奉水利會命令，趕赴河南新堤黃河出險處查勘。剛值旅途辛勤之後，又奉令拔涉旱災之區視察，可謂公忠勞苦之甚矣。又云有赴界首一行之可能（是否河南或江蘇之界首則不詳），則其行更遠矣。服務水利工程界之辛勞，誠為公忠於人群之先進也。閒談婚姻事，知彼認識采、仕二妹，曾謂年齡較芳為大，采則年長，面稍黑，仕則稍幼，惟眼為對者。據此而論，在年齡上恐不能進行婚事矣。蓋芸已廿三歲，彼倆皆長，待抗戰勝利返家，則祇遲尚須三年，非彼等將近卅歲乎。況余事業無成，今日對此毫無興趣乎。欲離此間，亦微以此意向志英姊討論之。

3月1日

本所助理工程師姚榜義、鄭東先、黃勃昌，為宴蔡振未蒙邀陪，以面子有失，提出集體請假半月事，日昨停工已一天。今日得張中校調解，蔣主任自認處理失當，乃始上工之。為主管者，度量狹隘，誠宜誡也。下午接翁思信先生信，囑能辭職赴渝特黨部工作，並謂能設法少校也。當即以此事就商於張仲權先生，徵得同意先行赴渝面洽，果能成功，則為前途計，或可在下月進行辭職可也。當即決心於六日赴渝，並即函知翁先生及乘風之。

3月2日

赴城購中儲會有獎儲卷一張，此乃生平第一暢舉也，並索中儲會簡章，俾備養成儲蓄之良好習慣也。為赴渝時，頗為考慮，人情難卻為首，但事實之苦悶，覺前途之發展受限制甚大也，個人學術基礎太淺為主要之原因也。

3月3日

得君淮信，知在大竹投考中國鄉村建設育才院者（該院附設之水利專修科）僅三名報考而已，可知目前國中青年有志水利者至少也。題目多而淺，余苦基礎太淺，否則決然即入該科專科矣。今年果能赴渝，得入補習學校溫習功課，則明年或可及時一試也。但特黨方面能否成功少校，亦一大問題，況此間之脫離，亦不易也。公家為張司機另調，添菜四個，但儘係蹩腳者、辦

庶務者，誠可恨矣。另聞曾送洋貳千元為旅費，來此服務僅月餘，以一機工而獲此享受，可謂厚矣。腹瀉止後，近日飯量大增，精神亦日為愉快也。

3 月 4 日

赴汽車站詢車票價，至渝為壹百元八角也，擬於六日或八日赴渝之。近日上閘座僅十餘石工砌牆，零落現象，使人在工場有食雞筋之味也。閒談本所浪費之金錢，日以千計，可謂巨矣，內各級人員舞弊者至多，誠可痛矣。

3 月 5 日

夜夢得鯉，俗云大吉，乃赴城購中儲卷壹張，果能中彩，當善為運用，並撥五萬元以振濟貧窮。或乃赴渝有吉兆也，故急擬從速赴渝也。果耶，假耶，一月後當能知之矣。下午天雨停工，下雨天稍得休息。

3 月 6 日

原定今日與李工程師郁華赴渝，旋因彼順延，故未成行。午後向蔣主任提出假呈，擬請短假自八日至十一日止共四天。晚面晤，決心赴渝一行，並借三月薪津壹千貳百元為旅費。至渝後，特黨部事究否成行，尚待面洽後方可決定也。但私料成居三份，在此仍有七分也。迄今桐蓀處尚未有信來，此事待商量者至困矣。

3月7日

決定明晨乘車赴渝一行，以償數年來之宿願。午後理髮，並訪志成商坐車事。借薪津壹仟貳百元，尚可酌購日用物也。

3月8日

晨七時由綦江救濟站馮同學志成之介紹，購得貨車客票。於十時許起身前進，坐於司機室之旁，頗適。車行順利，午後二時即抵海棠溪站，經儲奇門過江，即僱力伕攜物導引，抵小河順城街川湘聯營處燕同學乘風處相晤。別後二年有餘，一旦把晤，良為歡愉。並悉辭公兼長遠征軍總司令職，最近六戰區方面同學來渝欲赴印度者頗多，本月十日即為歡送劉同學等赴印宴會云，余巧遇此，殊幸。後勤部特黨部事，乘風堅欲余任，經商討後，由彼再作介函，以便進謁科座決定。當晚由同學邀赴 **X** 餐舍晚飯，旋抵得勝大舞台觀平劇，為劉千金、劉四歲等之霸王別姬等，尚佳。宿川湘處。

3月9日

晨即離川湘處赴七星崗，乘公共汽車抵新橋翁思信兄處。車甚壞，一路拋錨，顛簸欲嘔矣。抵新橋社會服務處，以電話通知思信兄後，即來晤，並相偕抵彼家，晤倍學姊，久別重逢，情同骨肉，至樂。敘別後情，可慰，且堅邀至新工作。午飯，商談是否來此供職問題頗久。旋晤業學長衍璋股長，相晤極洽，並叩詢此間工作情形，余則以此間工作不能勝任為憂也。旋三人相談

後，以思信及衍璋皆堅邀在此擔任少校幹事，可能勝任，盼即決定。余無奈，私意亦以供職此間確屬較佳，乃決定面謁李科長敬伯後再決定。旋與李科長面談，彼亦盼能來此供職，余以事實將成，諸方盛意難卻，即面允之。旋由李科長偕見沈書長澤蒼，略談後，囑書一自傳及論文，當可決定任用矣。當日決定以無幹事缺，以少校助幹名義，向中央呈請加委。今晚論文及自傳稿就，以時間不許，即以稿呈閱之。據思信告，以書記長係親戚有相關之人，此來前途當可多所提挈也。夜宿特黨部。

3 月 10 日

清晨論文脫稿後，即交業股長，詢以即稿呈閱無妨，乃即離新趕至沙坪壩中大農院訪軼慶及見章，敘戰後情形，可至慰矣。參觀中大各部及附近學校區，如置身文化境，恍然已亦為大學生矣，欣羨良深，惜未能及身而入大學就讀，搥恨良深。隨訪胡助教代東先取藥。三時抵沙坪正街晤鳳樓，未遇，彼已先赴城矣。上公共車抵渝市，延至六時許，始趕上中央飯店之公宴赴印同學敘。數十同學別後忽敘，群趨余握手，一時親愛之誠充溢會場矣。被歡送者即六政一科同學黃華及六長秘書室同學劉志義，及另二位未參加之索燕飛、王文邦同學也。睢大隊長及諸學長參加者亦多，會中曾引自我介紹。十一時許散會，回宿川湘處。

3月11日

　　赴寶之渝百貨號，購各項代購物品及自購皮箱與鋼
筆壹枝。午抵江家巷日用品管理處訪厚成，並巧遇李克
明同學，旋在彼處午飯。訪郁華未遇，即返川湘營處晤
沙主任榮存，知皆為鶴亭及虹之老友也。晚與乘風及
友✗同赴新川電影場看「今日秦淮」片，尚佳。

3月12日

　　赴渝辦事處晤郁華，仍未遇。旋過江領出境證，乘
永通車返綦，六時抵所。

3月13日

　　接翁思信及李科長快信，囑即日到渝報到，並謂已
發表少校助幹矣。但附政部發通知，則改稱支少校薪，
殊費解，擬即詳詢一切後再決定之。果以上尉支少校薪
任用，則余意有失在渝同學之信用，且晉升少校不易，
故意中仍不願也。李科長及思信兄俱云以少校任用，忽
於部令，真奇矣。

3月14日

　　為此間辭職事就商於鶴亭之同學張仲權先生，蒙首
肯代為向蔣主任一中說項，諒可無問題也。對此次行動
以事出不得已，尚表贊同。商談結果，以近日適蔣先生
之公子蔣樸患病頗劇，彼心緒不寧，忽提辭呈，或不
免於心不快，故擬稍遲一、二日後進行，並可先向吳工
程師琳商洽。發思信及李科長函，允即進行辭職來渝，

但少校事盼能成功為妙，原發通知以不符面洽及來信所稱之故，乃退回之。同日接桐哥信，對赴後勤部事亦表贊同也。偉青囑對祝三與芸芳妹通信事，可向父親及芸芳提起，對仕妹事則可代徵仕妹同意，但謂姨夫已同意也。余意亦以通信則未嘗不可也。

3 月 15 日

為此間離職事就商於吳琳先生，蒙允轉呈蔣主任，但盼能多留一、二月也。近日蔣樸患病沉重，至以為慮，此足影響於請假之早日實現也。堵道允先生與侯澈之妹結婚，送蝶霜及香皂為禮之。復桐偉信，及寄家信與芳妹信各一，告決脫離此間而赴後勤部工作，並商女友事。

3 月 16 日

終日為赴渝事心緒紛繁，報告及致蔣主任信，擬今日能呈上也。接思信及李科長函，催到差至亟矣。整理行李及檢點物件，有暇則仍多赴工場也，藉表有始有終之工作精神也。

3 月 17 日

上午辭呈由吳工程師轉呈矣，十時許即與蔣主任面晤，允此事之意見，但謂盼能得鶴亭兄之同意也。午前即赴鶴亭家晤志英姊，並告離此情形，蒙允。午飯後即返所，順便告通隊老友之，同仁堅邀晚上到揚子江飯店餞別，心殊愧慚，辭不獲。晚七時竟出動同仁全體赴揚

店（除主任及吳工程師），此誠鶴哥之面子也，在個人誠受之至愧也。返後見蔣主任報告，允日後再批，並囑留章於此間也。原擬十八日能動身，但適同鄉同事堵道允結婚，故不得不改十九日動身矣。此來六月，雖尚盡力，但以個人學術太差，不免自愧耳。

3月18日

整理行裝，參加堵君婚禮焉。由林平一局長證婚，儀式於天津館舉行。證婚人訓詞時，以拌混凝土比愛情，謂「混凝需要石子、黃沙與洋灰加水拌和，方能堅固。今後堵、侯兩君欲愛情之永固、百年和階，則亦應時為加水也。混凝尤重養護，愛情亦然」。並謂彼曾屢為同仁證婚，每次皆不久即有成績表現，則今日新夫婦亦應於一年中努力工作，到明年以成績向余表現也。

3月19日

清晨整理行李後，即分向各眷屬家辭行。旋向各同仁握別，澈及炳林、德傳、全榮、勃昌又堅邀赴金陵吃包子，殊為感激。訪馮志成同學，知中運有車赴渝。即乘便車於八時啟行，十時許到達一品場，可謂至快。但在一檢查後車忽拋錨，無奈即宿一品場。有成都人周寶煊相互招呼，便利不少。

3月20日

車子救濟後即順利抵渝海棠溪站。旋以行李不能過江，改乘民舟，延遲頗久，下人可惡也。雇伕擔至上清

寺，費洋伍拾元，貴極。繼即分段坐馬車抵新橋，先訪倍學姊及思信兄之。此行共用旅費貳百五十元奇，尚算經濟也。

3 月 21 日

正式到後方勤務部特別黨部報到，以十九日為到差日期之。本日為星期日，午前為股長以上人員舉行紀念週，故無形停止辦公也。下午停止辦公，準備報到之各項手續，填寫人事卡片及到差報告，暨代金申請書、黨工人員簡歷表等。寫桐偉、祝、炳林、志英信。

3 月 22 日

正式到宣訓科辦公室辦公，擔任兵站方面黨部之工作報告審核及指導。以此缺久懸，故公文稍有積壓，今日開始清理也。科中同仁調赴外勤工作者居半數，在科者為科長暨業幹事衍璋、羅同志家寶，皆為同學也，他則收發、錄事四人。科務情形，大約看來尚稱輕便，或以未上正軌故也。余以公文素不熟習，故對辦稿尚有難色，今後果能善自學習，或可無問題也。

3 月 23 日

整日清理積壓稿件，尚有元月份之公文未辦，可知科務尚未納入正軌。以宣訓工作毫無經驗可言，初入亦不免略感頭痛，又以積壓諸稿，較為繁雜也。經一日之清理已有端倪，預計明日即可全部解決。中午赴思信兄家午飯，為包子，此乃倍學於平時學會者，衍璋邀

同往之。與思信兄略談本部情形，得稍知概略也。晚宿
劉召瑞同志家，因彼夫婦進城，代為守家也。閱女人一
生，慾火上升，入晚夢遺焉。

3 月 24 日

　　原有積壓待辦諸稿，竟日肅清之成績，除調卷待查
案核辦之二件外，均已辦竣，分別交會與交判矣。內心
稍安，擬即開始整理論文、自傳也。科長近日似乎很興
奮，對於科務多所闢劃，對於工作月報之登記及承辦
手續之釐定也重新規定了，聽說明天尚擬開科務會議
哩。本科公文似乎很少，看來爭取自修毫無問題，到也
不差。

3 月 25 日

　　午前舉行科務會議，李科長敬伯介紹諸同仁，備為
過譽，至感愧悚。業務分配，余擔任兵站黨部及一般文
稿之撰擬，相當責任大也。午後以精神不佳，上辦公已
遲至三時矣。與衍璋兄及海萍兄略敘同學情形，尚慰。
近日以精神欠佳，反胃上嘔，頗覺困倦也。

3 月 26 日

　　整理論文、自傳各一篇，交總務科以便辦理請委手
續也。胃欠消化，食後屢上浮喉中，至為不適，恐成胃
疾也。本科例行公文悉為工作月報，而皆為余主辦者，
故余一人稍忙矣。

3 月 27 日

午前赴衛生所看病,給藥粉少許。旋參加本部全體同仁之業務會報,由沈書長澤蒼主席,報告及檢討一切,對各股問題亦提出報告。午後辦宿稿二件。此間精神沉悶,於身心之壓迫至大,幸有思信之家可閒談也。

3 月 28 日

星期日,原擬赴城乘風處一遊,並訪晤一談同學連絡事宜。旋以抵小龍坎後天欲下雨,故未成行。抵楊公橋中驛站印刷所訪萬治平同學,並遇沈書記長姊夫秦愉庭先生,甚歡,即在該處午餐之。繼抵中大訪軼慶、見章,知東莊漢民表兄亦在其旁工作,乃往訪於成渝公路大渡口工務所。又返校中,暢敘別後衷情,大家提及家鄉情形,至以為歡,我的胃病也就好了,真樂以忘病矣。並得識王隆泰之孫王家祺同學焉。中大近甚整潔,充滿新氣象也。天雨,留宿中大焉。

3 月 29 日

為先烈革命紀念日第一次紀念週,例應趕回出席,故心殊焦急。早餐後即由費見章兄陪同抵小龍坎車站,相談歡愉,彼尚擬入研究院或留學美國深造,前途無限,深為祝禱也。談及祝三與菊芳問題,彼亦以菊芳短視相告,誠今日女子之鄙矣。余與彼三代世交,誠相關之篤,今後相助尤至切也。遇見章同學周仲榮(宜興人),在中滑廠服務,且代購買,至感。返部走趕紀念週未及,但仍中山室一視也。理髮,並購日用化裝品百

餘元，此無法而心需也。今日精神似佳多也。購髮臘壹瓶，價伍拾元，鏡刷壹把，貳拾元。

3月30日

午前領發特黨部三月份薪餉津貼，共得叁百拾陸元整。午後赴新橋街散步，並逛各舊貨店，意圖購得衣料或書籍。見古文觀止一部，尚版佳，以肆拾元購之。晚與衍璋、槐庭散步郊外，春色宜人，農作欣榮，誠美麗矣。過街頭，以第十五期有獎儲卷明日即開獎，喜購一張，以之自娛耳。

3月31日

晨起已遲，即進早餐。值此春光明媚，一刻千金之際，如斯懶散，殊屬非是。擬決心自四月一日起更生，作有計劃之進修與規律之生活，俾及時努力，迎頭趕上，庶幾有為也。月來身體孱弱，影響精神，除善自克己定靜工夫外，輔之以養護，故晨八時即赴新街購雞蛋拾枚，以後日食壹枚可也。晚散步抵新橋社會服務處，遇戰一團一總隊第八隊區隊長張兆有[1]，時團內異黨變起，余遭隊長誣疑，幸彼信任，相助不少，終則彼亦以此事離團他往，余則不久赴直隊也。散步之際，忽發現左袋焚毀，檢視知火柴壹合已皆自焚，不卜何故發燃，久推其理不明，幸未燃熾，亦幸與奇矣。

---

1 作者自註：此人誤矣，時助余者乃區隊長任俊農也。

4月1日

厲行規律生活，清晨起床後即食雞蛋一枚，赴石壁山峰作晨操，並精讀古文。惟午睡超過預定時間，餘暇則大半研究科務。晚坐談六戰區往事，頗快。致鶴亭兄函，伸離慕歉意。致毅夫同學函，詢近況及詢請委事。致鳳樓同學函，詢候近況及遠征軍同學近況。一切尚能執行計劃，在今後之持以有恆也。

4月2日

沈書記連召二次，指示承辦公文錯訛各點，至誠教育之態度，至為感激。今後當益勵奮發，力求工作上之圓滿達成任務也。科中同仁尚能和洽，至堪自慰。致侯澈信，寄還借款百元及利培兄款伍拾元，並復王光華信乙件。本日起自訂中央日報壹份，以備閱讀。

4月3日

余首次擔任值星官，即遇部務會報，誠機巧矣。九時開會，值得記載者厥為討論冬服之一幕。查去歲特黨服裝被軍需署剔除後，迄今懸而未決，以同仁之困苦，遭此非法之剝奪，誰能容忍，故咸不平於心。今日雖有許安國同志的痛切陳詞衷情，無不為之同感。繼則范秘書、李科長亦相繼以此事發表不平之鳴。咸信本黨同志，站同一崗位效忠工作，而竟獲畸形之待遇與非法之剝削，則尚談何平等。對內尚不能爭取地位平等，更何配對外鬥爭乎。旋由書記長允提執行會討論解決作結束。現行政事之混亂，誠奇不可聞矣，良可浩歎。接祝

三兄信，對婚姻事，擬待戰後討論之，余亦同意也。

4月4日

為預備軼、璋二叔來新，倍學姊忙著菜，我也買了條魚和雞蛋，以便大嗜家鄉味。惜待至午時仍未見來，乃即食之，烹調適口，飯量增大一碗矣。傍晚業衍璋與羅家寶同學，以意見不洽發生爭吵，至以為憾。應乘風兄囑，致書睢公友藺，並請示友部同學連絡事。又分致羅科長、余儀九、陳壽昌、姚士龍等同學函各乙件。近日選讀中國之命運，頗感總裁謀國忠誠，愛護青年，實足為萬世師法。

4月5日

允郁同志文祺之邀，於午後前赴中國農民銀行新橋辦事處儲蓄。此為該行紀念十周年之紀念儲戶，金額以月儲拾元為準，屆五年可得本息玖百另柒元。時正民叁拾柒年，而余正值叁拾歲也，且為余平生之首次儲蓄，為今後養成此儲蓄之良習，故決有恆為之。接壽昌從公安前線來書，忠勇可欽，祝禱能早日奏凱也。而目睹後方醉生夢死，麻木不仁，何其多而可浩歎！

4月6日

昨晚深思友部互助事，轉輾不能成寐，精神困倦，竟為洩精也，幸今日公文甚少，仍得休息。晚為考慮中國心理建設學會事，思潮陡起，不復能自制。失眠而苦思恆數小時，旋入混睡，又竟夢遺而不自知，誠怪矣。

余屢洩精於疲困之餘，而屢賡續二次，不卜為健康耶，抑身體孱弱也。晚大暴風雨，勢凶猛，刮屋欲倒，樑泥紛紛下墜，室為之汙矣。值此亂世，彼流離者眾，悉皆搭棚蓋以強居，何堪風暴雨虐，何蒼天之不仁耶。

4月7日

雨後春寒，倍為使人難受，手足冷極，竟為不便握筆，遠處山頂，則白雪堆積也。川中氣候，不測如斯，誠多變矣。終日無公事處理，埋頭於雜誌之流覽而矣。偶觸本部辦事，類皆粗率，病弊叢生。今日處理公文之敷衍，辦事效率之降低，誠可懼矣。

4月8日

余之請委案，延至今日尚未據呈送中央，是亦怪矣。此乃人事上之特殊原因所致，然天下事，果欲以私棄公，豈可得乎？吾生平處人和平，但非懦弱，今後將善自努力奮鬥也。而多方取人諒解與合作，固仍不失為上策也。

4月9日

近日閱讀之機會殊多，然龐雜萬分，取其多而忽於精也，但為引起讀書之興趣，亦不失為一得計，今後宜漸納有系統之學也。本科讀書之風氣為本部冠，得發揮過去六政本科之一貫精神，殊為本人環境欽慰也。本部晏起成習，來此後，竭力提倡早起風尚，漸有轉移，私心自慰。但工作不上軌道，同仁亦咸抱敷衍態度，致吾

雖欲力圖整頓展開，然亦恐眾所議也。憂頻不能自決，
奈何哉。

4月10日

　　上次部務會報時，書記長指定組織、宣訓兩科研究
擬製卡片運用。余以過去稍有心得，且今日與本身工作
關健亦切，故即草擬宣訓卡片一份，以資供科長之採納
及參考也。

　　今日開始選定中國通史研讀，預計每日30頁，一
月完全閱讀。此或足稍補於余歷史知識之缺乏也。

4月11日

　　下午，允郁同志文祺之邀，遊離新約五華里之山洞
鎮。一路陡坡而上，頗費氣力。山洞附近公路建築雄
偉，公路之上又有一拱橋通原公路於其上，誠奇觀也。
山洞鎮旁有過山之「山洞」壹座，故以此而得斯土之名
也。該處市政及衛生遠較新地為佳，聞係該處要人雲集
公館之故也，奇矣。為政之道，如斯可乎？訪郁同志之
令弟文彬，彼乃初中剛畢業之小青年，此次尤我蘇省府
保送入海小，前途誠未可限量也。歸途與文祺同志暢談
頗快，彼係一高中生而擔任本科錄事，擬今春後在暑期
進大學就讀。目擊彼等寶貴之求學機會在握，欣慕無
窮，而個人之創痛，向何人訴乎？惟自從於沉思中耳。
得睢師函，囑努力前途之進修。

4 月 12 日

　　午前，為余之請委案竟被范秘書私擅壓積事，引起思信兄、衍璋兄及科座之對范秘書詰責。竟以此事而引起人事上之摩擦，殊出吾人預料之外，彼無聊者之鄙劣行為，至可引痛。吾待人處世，素尚公道，過去供職六政，主辦人事方面業務，亦皆一併至公處理，初不料此彼之如斯也。詳究過去本部情形，竟以此等現象為慣例，又誠可痛矣。吾人面對慘酷之世界，惟有以戰鬥之姿態奮鬥，今後余當更努力於學養諸方面之齊頭努力也。

4 月 13 日

　　科長囑擬中山室象棋比賽辦法，以無過去原辦法可資參考，故草擬稍感困難，一方面實個人常識亦欠充分也。接利培兄轉來鶴亭兄信，知為三月十九日所發，余於此日離綦，然彼尚不獲知，誠似愧對人矣，衷心不安。心緒紛擾，天時又亢熱，精神至疲困矣。

4 月 14 日

　　接桐哥信，詢近況及轉思信兄。晚分書友信六件，至疲。發現誤以空封信寄友藺師，殊屬忽之甚矣，亟以特快寄原信之。

4 月 15 日

　　注射防疫針，午後微感反應，精神困乏，此必然之現象也。近日讀書除晨讀能有恆進行外，他則偶起偶

止，不能計劃進行。書則皆感不足，而不知專於何門入手為佳。頻接育興求助旅費之信，苦力之不足，事之不易介紹，故躊躇不知何以覆也。赴留鴻攝登記照四張，備市民身份證所用也。

4月16日

據說書記長和秘書都進城公幹了，於是大家也好似放假一樣。

午後允思信兄之邀，在散步的神情下一路爬過幾個山頭。川路紛歧，山路更是莫名其妙，當然不能自信沒有多走了冤枉路。好在景色青翠，迎風的麥香陣陣撲鼻，穿過清嫩的荳圃，遙想太湖邊上，它似乎剛是在發著紫紅的花。畢竟重慶氣候要早一個月時令，遠在異鄉，竟先嚐到了嫩蠶豆的滋味。路走路談，從江南說起，又提起了北平，想起了昆明，更幻想將來也許到蘭州。路過兵役署的三平新村，更對著豎立的木坊凝視了許久。三平！在新兵役法實施後，也許要實現吧！遠遠青翠的竹林裡，顯示著寂靜幽雅和古樸的一片莊園，它不是豐麗堂皇的洋樓，更沒有別墅式的精緻佈置，漸漸近看，祗有一個三十歲左右的同志在耕種，表明是勞動生產的種著菜蔬呀！另一位年約四十餘的老同志，就在目的地——錢公館——的側門旁躬親在打掃。他和思兄寒暄一下，繼續在沒有掃完的階石上用力掃，隨口說今天主任也許要來，你們先到我房裡坐著吧！我開始懷疑，難道這是我理想的公館嗎？整齊、簡單、樸素，立刻證明了我推想的錯覺。好！他回到房中了，他們是老

同志，共患難的伙伴，開口是老實的談著一切現實的事情，我聽不到半點虛偽的話。他給我們吃自製的蘿白乾，又香又甜，桌旁還放著許多紙包，告訴我們就是送到主任那裡的。談鋒轉變了，忠實的同志，也竟想遠離老長官，去那遙遠的塞外墾牧。這是宣傳的力量嗎？我自己疑問？那麼？什麼力量使他想去呢？我好奇地渴望他答復。他說，年老了，已不可能再像過去的勇氣澎湃，精神也不足再奔走效勞，為兒女計，應該找一個穩定的工作，不然將來怎辦？……他倆一連串地談著談著，我怔住了，呆著聽！怨呢？訴呢？真呢？虛呢？還是夢呢？我自己不能分辨。四時左右我們離了竹林的古剎——祗少我這樣看——回路上，信告訴我他還是早年追隨革命元老歐陽 ✘✘ 的呢！開始在主任這裡，也遠在淞滬警備的時代以前呢？我們一夥是忠實的伙伴，安守本份的軍人，所以今日我們竟落得這樣！我沒有話可以安慰信！熱血在我信頭沸騰！我說不出話來，我怪難受，祗有指著松林的可愛說，山中畢竟是松林最偉大而可愛呀！就此把話引到了使人陶醉的春色了，但心房劇烈的懂動，愛！恨！悔！始終在裡面打架！

4 月 17 日

　　久未習作文，擬最近稿一「如何為中華民族謀福利」。刻正搜集材料，擬於廿日前成之，今後多寫、多讀、多閱，乃國文方面應力行者也。

4月18日

晨讀後，知治平要來，故赴街賣竹筍壹枚，及嫩豆貳斤，以便返部中午作菜也。不來則自己加油，兼勞享同仁，亦至樂也。方搜讀有關如何為中華民族謀福利一文之材料時，治平抵部。互相論今話舊，備為痛快淋灕，兼討論及友部之連絡事宜。羅家寶兄與治平為昔政大同事，亦參加歡敘焉。

4月19日

久未習作，拼命的寫也是不成，真是惱怒之至。今後似宜多所努力！

4月20日

費了整天之工夫，還是寫不起來，總覺不能如意，奈何？得毅夫信，知請委案已可無問題矣。晚與衍璋、文祺赴酒家小飲，頗暢快。

4月21日

接友師來信，對友部互助事宜極表贊同，囑與劉振鎧兄洽辦可也。今日仍致力於寫作，頭暈之至，稍覺可為矣。接澈兄來信，知綦江工程已奉委座批「綦江工程緩辦可也」，今四、五、六各所已停工矣。余此來可謂有先見之明矣。接鳳樓兄信，約赴中央日報社一晤。與馬科長浩然談習字之道，彼勸余習趙字應用羊毫筆，並摹、觀並重。余決毅明日起改為晨書，並用羊毫之，晚則集中閱讀「中國通史」可也。

4 月 22 日

　　晨與文祺兄、俊臣兄遊山峰，心胸寬暢，精神倍振，朗誦古文尤快矣。為勉文祺今後實行早起，擬勸晨吃雞蛋壹枚，以滋補營養，同時則力戒雜食傷胃，進則助衍璋兄戒雜食，謀本科此風之袪除也。

4 月 23 日

　　「如何為中華民族謀福利」一文謄寫完成，此乃本年度首次正式寫作，費去苦心不少，今後當多自習作也。此文同時亦屬總裁手著中國之命運之讀後感，並以之參加時代生活月刊社之徵文焉。錄取以否，固非余之所期望也。近來工作與讀書精神與生活俱尚調洽，故身心稍感快慰也。

4 月 24 日

　　本日晚，春性盎然，不可自抑，手淫相繼而起，久之，純精為之涓涓漫溢矣。情之所至，如千里駒之馳騁平原，更不復能自制，乃索性隨其慾之所止而休焉，半夜輾轉不寐。下午參加同仁董奎與宋女士之婚禮。按董係沈之舊僚，而宋係使女也，然沈愛待之，乃樂而成彼等為佳事也，殊可喜也。五時思赴鳳樓兄處，乃急動身之。抵化龍橋中央日報社，適外宴出，久待而晤，快極、慰極。六政別後衷情互訴，更復無限悲沉者，丘氏憲章之自殺，更使我深■■忘。爰於彼之仁愛，素為同仁欽，何竟天之使惡於善也如斯，誠有何德哉！可慨良深。柳公處政時朝氣逢勃，今者人去政息，敬公用人不

當，六政亂矣，良朋相率離去，奈何哉。

4月25日

晨赴李子壩掃蕩社訪程卓如，旋同赴城，欲訪厚成不果，卓如返社，余入城。遇通隊賈漢儒，無限感觸。憶昔年流離之苦，含恨忍辱，可謂至矣，埋頭苦幹，可謂極矣。幸天假我機緣，得三年以來，一湔舊忍，稍自安慰。今後如何努力，方不負個人之前途，誠乃應日夕警惕者也。原擬赴劉振鎧兄處一商談友部連絡事，以彼等開同鄉會，故未成。旋抵乘風處，亦以彼赴李子壩叔家未遇。在川湘午飯後，返中組部訪陳毅夫，遇之暢談慰極，請委事尤多協助，可感！晚返城赴國泰看「復活」六幕劇，尚可。十二時返川湘，已中夜矣。曾相商友部事至久，以穩健精質為著手之要則。赴導會渝處，託帶三所蔣主任處總裁言論及總理遺教共叁部，二以贈炳林、志明，一以贈三所同仁也。

4月26日

接二月十九（古曆）來諭，家中甚好，慰極。

五時即起，趕回新橋。途於鳳樓家休息，並暢談互助事宜，旋步返而累矣。下午接家書，近況至佳，慰甚！附思信兄一件，即轉交也。晚分書劉振鎧、曹培隆、賈漢儒、謝泌、徐道卿、王軼卿、費見璋、董君淮，皆商談互助連絡事宜也。旋即睡矣。

4 月 27 日

　　本部請求補發冬季服裝一事已獲解決，業由副官處領到大批衣料，今日開始分配。聞尚有剩餘，擬設法請馬科長代謀一套也。此在吾人原為國家工作，予取並無有愧之處也。報載鶴亭視察豫省水利，已抵洛陽，甚慰。檢閱去歲同日日記所載，略知當日六政情形，固一般至佳也，而今則人事日非，志士相率離去，遠非昔比矣，良可浩歎！

4 月 28 日

　　接志英姊信，當即將此間情形見告。在綦未能副殷望之寄，殊悵，然為個人前途計，勢亦非脫離綦江也。雜務紛繁，不要讀書要領，殊苦。

4 月 29 日

一、為冬服事，依據本部副官處通報之規定，作報告請求依法發贈服裝，結果所請獲償，誠為佳事也。此來機緣殊佳，能得冬服，正意外也。即赴制服店裁製普通軍裝壹套。此次並發代金，自己可不化分文也。

二、為請委案迄未蒙中央頒下，心中殊以為慮。蓋恐無恥者流之從中再為搗亂也，乃遄書毅夫兄催詢之。余此來備歷風波，設無各方諸友好之協助，恐將為彼等屈服矣。今則彼等遭迎頭之痛擊，著著慘敗，可謂天道之彰彰也。然吾人亦尚未盡光明磊落，今後當以堅實成績感之也。

三、得乘風兄來電話，囑商洽之事即進行著手。余苦
　　無時間為悶也。

4月30日

一、接炳林信，知寄纂總理遺教等已收到，四、五、
　　六所已復工，殊慰。轉來際輝兄內江來函，告六
　　政情形頗詳，彼已有返軍意矣。接許偉雄信，在
　　江北憲校政。

二、下午為科長蒞科一週年紀念，召開科務會議，全
　　科同仁出席，情緒極佳，均能坦誠檢討，發揚自
　　反精神。尤以科內同志水準之齊一，能相得益
　　彰，更為欣慰也。中山室人員加強，張崇武同志
　　調動之，社會服務處或亦將調整也。

5月1日

一、接桐哥自利滇來信，知祝三已入玉溪中學，為初
　　中部主任，暫離利滇也。以後利滇形勢好轉，固
　　仍可回任也。

二、附寄父親元月來信，謂春天傷發。曾寄家三七粉
　　試服，但二月來論則未提及。字裡行間似精神至
　　愉也，老人家連年遭挫折困迫，身陷不自由之
　　區，實至以為深念也，幸二妹及穎弟尚能慰也。

三、附寄芸芳妹來信，文字進步甚速，至為快慰。詳
　　述家鄉情形，不厭其詳，不失為至情如手足者之
　　音矣。贊叔不能善自更生，可憾屬甚！

四、午後衍璋自城返，知曾晤毅夫，余之請委案已不
　　成問題矣。

5月2日

　　與家寶兄約赴沙坪壩一遊，先赴中驛訪治平，以進
城未遇。彼辦理壁報壹張，能推廣文化，殊慰。旋赴沙
坪街中央日報營業處晤胡斌兄（三團一期），此人慷慨
好友，堅邀午飯，至感！繼至中大軼叔處，示以芸芳來
信。適空軍幼年學校籃球隊與南開中學及中大比賽，乃
參觀焉。空幼身體強壯，精神振奮，可佩，至為新空軍
為祝也。空幼學生隊以連絡欠佳，遭敗於南開。空幼官
佐隊則以最後一分勝中大松青隊，二隊實力相埒，肉搏
至烈，尤以空幼（6號）為國手，球藝殊優也。與軼叔
談及菊芳事，皆主張彼等解約可也。軼叔客氣，邀至外
餐，用去七、八十元，心中殊不安。談及黃希明在華

豐瓷廠，克誠在軍一服廠，至慰。今後果欲劃款，亦可
照辦也。

5月3日

　　本科同仁郁文祺君秉性忠厚，好學不輟，余甚佩
之。日前返家，背負白米二斗，並菜油等項，誠今日之
子路也。但以現職少尉司書，月入太少，欲以扶養母親
及個人零用，實至感困窘也。余甚同情其苦衷也，思有
以助之，然乏力也。晚大雷風雨，山中氣候誠善變矣。

5月4日

　　赴新橋街中國農民銀行儲蓄，此後五年中當可養成
儲蓄美德矣。一年一度的五四青年節日又到，回首當日
青年，今已皆四十餘歲之壯年，而身負黨國重任矣。吾
人今日設不及時努力，則光陰如飛，瞬間建國重任即付
吾人肩頭，將何以肩負乎？貽乎！努力自強！自強！

5月5日

　　得際輝來信，知在內江甚好，仍致力於高考之應
試。此兄毅力佩甚，余苦不能專力於此為愧也。余思一
讀之「國防論」，近日方潦草讀完，略擷其要：

一、萬語千言，只是告訴大家一句話：「中國是有辦
　　法的」。

二、中國國民的軍事特色，就是生活條件與戰鬥條件
　　一致。

三、世界民族興衰，根本的原則，「生活條件與戰鬥條

件一致者強，相離者弱，相反者亡」。

四、「一切既往的研究，如果不切於現在及將來的真
　　實，是沒有用的」。

五、全體比局部重要，細目在大局裡得到他的位置。

六、思想的紀律，包含於軍紀之中，著者與讀者須同
　　樣負責。

七、「一國的兵制與兵法，須自有其固有的風格」。

5 月 6 日

　　得克誠來信，囑赴城時一晤，有暇或可作六年後之
重敘矣。桐哥來信，詳示國專情形及自修之道。讀大公
報「定向」與「用勁」，頗足自惕，摘其要以自勉也。

（1）近來青年的心理似乎有點「早熟」，多少有為的
　　　青年都變成「少年老成」的模樣，這足以減殺青
　　　年們英俊有為的銳氣與活力，實在是我們青年心
　　　智上一種墮落。

（2）「期之也切，故其責之也嚴」。

（3）林日濟先生說，二十二年來中國思想界的動向，
　　　指出七點：一、從自由到皈依；二、從權利到義
　　　務；三、從平等到功用；四、從浪漫到現實；
　　　五、從理論到行動；六、從公理到自力；七、
　　　從理智到意志。可謂戰間思想界已找到了正確的
　　　方向。

5 月 7 日

　　余之中央黨部組織部正式任用書發下矣，心以稍

安。日昨新製冬服之草黃制服壹套取回，此套衣服儘係
公家所發，個人僅費卅元而已。本部樵峰盃球賽開始。

5月8日

讀掃蕩報號外，盟軍克服比塞大及突尼斯二城，自
此北菲整個肅清矣，開闢第二戰場當指日可待也。球賽
特黨倖勝，殊好事。

5月9日

昨晚為伙委領款及發夏服代金事，引起少數同仁之
不滿翁會計。實則會計本身之困難，固非他人所知，而
好事批評者，亦寧非有不可告人之曲情在焉。余希望本
部之經理情形能得改善，但余亦希本部同仁之良心能
自悔也。綜看部中同仁僅二、三十人耳，而意氣之爭、
流別之眾，似有非可向外人道者。眾志紛離，其有事不
敗亡者幾希，然領導者不能嚴繩於上，固亦責任之不可
諉也。整日暇以養性，午前娛讀古文觀止為樂。得向樸
信，知離黔赴五峰伯言兄處。殊可慰，當復信及上書伯
言先生。介紹楊育興、黃民錄二兄之與乘風兄，囑戀愛
可談則談，不可則待至事業有望需賢內助時，為之物色
不遲也，以此自苦，殊不值得。友儲事則堅持必行，而
於友部同學通信錄，尤認為年內必舉之事也，並以補償
一總遺漏之恨憾也。

5月10日

得鶴亭兄來書，對余離綦局來新一節並無非議，然

以不能提挈工作安心，甚以為憾，今後盼能升學或再共同工作也。余對彼之愛護備至深引為悔，悔己之不能有適當學力以追隨效忠也，今後果在水利行政方面能得奧援，則再作追隨之圖，固甚願也。為本部「團直分部」之黨務工作月報，錯誤百出，余深詫異，乃於月報中標點剔點之。後志業則以副科長之地位，加批「嗣後應於注意更正」等語。會組織科時，被范秘書（彼係指導員）知悉此事，乃頗引不滿，認為志業搞蛋矣。天下事，做錯了皆不願悔，更不知所自恨，轉而恨人。難矣哉！國事！

5 月 11 日

到職將二月，本部合作社之購物證始領到，吾人辦事之效率低率，誠不可以語人也。身份證則至今尚未呈報公事，公事二月不出門，將何辦？為直黨月報事，雙方誤會立生，范某更不能「光明磊落」，意挽壽槐庭兄出而向志業示威，以志業之氣盛，勢頓成騎虎矣。午後李科長知此事，乃向書記長解釋雙方誤會，又託余向志業勸盛氣也。日昨將有關本人業務之卷宗大加清理，吾科檔案之紛亂，誠亦不可聞矣。今日將個人之業務整理，以求毋所積壓也。

5 月 12 日

業幹事於晨接總政一廳易大德科長來函，知已簽請以中校科員任用該科矣，故去黨之念即決，勢有直轉而下者，即行請假二月返湘矣。科長無奈，已蓋章轉呈。

此兄學能俱長，吾正思得以借助相效，而今欲急去職，一莫大損失矣。但在黨彼不得精神之慰快，去固有利前途也。大公報開始剪貼，完成「愛、恨、悔」選集一冊，頗珍貴。

5月13日

　　檢查各級單位卅二年度送工作月報者，僅區黨部十二單位、區分部九單位而已，尚不及全數四分之一，誠可慨而難言之矣。余坐食如此，良心亦難自恕也。午應思信、瑞祺之約，前赴彼家吃麵，味至佳，情亦至樂也。談及部內人事，信兄囑以不介任何派別，蓋意見分歧，人事不和，倒霉者厥為工作耳，亦惟有主官耳。並告書座對余印象甚佳，將來可隨其工作也。再者彼三姊夫（周時中）等皆係知己，故任何良好工作來時，吾等皆可共同努力也。下午理髮，價拾元。晚閱顧杏卿君著第一次「歐戰工作回憶錄」，以精神太困，未終卷則睡矣。

5月14日

　　函約克誠星期六午後訪彼，藉以暢敘六年來別後衷曲。近日得科長應許，與郁文祺日來剪貼大公報，分類整理之。與育興兄信，囑妥謀來渝之道。致劉培萱兄，囑代謀上尉離職證乙件。

5月15日

　　午後，毅然決心赴渝訪黃克誠。先抵鳳樓兄處，談

及擬邀君淮或憲達、育興來渝中央社工作，余亦同意。
鳳樓擬邀任裕谷一節，余以彼品行欠佳，則表示不同意
也，並以向樸事告彼之。旋訪卓如後，抵兩路口社會
服務處，經濟餐價陸元，誠便宜而佳矣。政府果能多設
此種公共食堂，則公務員得益匪淺也。繼購渝市區圖，
價六元，甚靈便可用。即按圖抵南紀門馬蹄街克誠兄
處，適外出觀劇，待抵十時許方回。余倆在秋同抵武漢
後，相離已六載，一旦把晤，殊以為慰。乃取架上影集
取閱，知故友甚多，至快慰。克誠返，則暢談迄十二時
許，而臭蟲為患，余終夜不復入睡矣。克能入軍需攻讀
二年，基礎甚佳，前途無限。

5 月 16 日

　　早點後，前赴千廝門訪乘風，知將改組為重慶辦事
處，由沙榮存任副主任，彼則擬蟬聯該處工作也。常德
危急，六戰大局欠佳，人去政危，不勝慨然。繼復臨江
門大林巷九號華豐鑄字廠訪黃希明，以彼赴南岸訪女友
未遇。至同鄉會訪負責人吳永才君，亦未晤，且不得要
領。又抵民生路 33 號訪沈和祥，亦未遇。旋又抵公園
路訪李鈺，彼亦赴南岸矣，乃返南紀門克誠處。不久鈺
來訪後，由同抵社會部，晤王雲龍（六戰軍法監者）、
周文良、孫邁斯、王政民、曾偉民、張源浩等同學，知
當晚為該部同學餐敘此次中訓團新訓班同學畢業，願擬
參加，以諸多未便作罷。返克誠處，檢閱意城弟來信，
頗多詳知彼家甚況，昔日同鄉學友已紛紛出嫁及為父母
矣。樹德先生致克誠兄函，多勉勵，所論「遠憂近慮」

一語，由足借資惕焉。克與章素芳婚事亦詳談及，她竟
入奸偽之中矣，且以克不前進而同意離婚也，天下事誠
怪矣。繼散步林森路江邊，討論事業及婚姻問題頗久，
克現有同事李先生，成都人，似甚可，或可進行愛情
也。當晚以苦臭蟲，返乘風處宿焉。原擬劃款事，以諸
多未便，未曾提出。

5月17日

　　五時離乘風處，抵克誠處，方驟雨，早餐後約八時
許稍佳，乃作返新計。先乘車抵化龍橋鳳樓兄處一息，
繼赴小龍坎轉車返新，抵部已十一時矣。衍璋晚返，知
明日即擬先往總政工作三月，然後再返新整理一切也。
囑向家寶兄進言解洽，擬乘機如何談之。得粟概信，知
曼黎共在獨卅二旅也。壽昌代少校科長，總部未准，殊
悵，當即復信之。衍璋相談頗多，恨相處之短也，否則
於連絡應付方面，可都獲益不少也。

5月18日

　　晨送衍璋兄赴三聖宮到差。衍兄此次以中校原級調
政工作，似亦得失參半也。李科長以彼不能竭力相助，
倉促離去，尤暗示抱憾矣。今後科務少一中堅同志，損
失相當巨大，一時妥員實不易得也。余性稍欠活動，原
思與衍兄共處，稍習好動，今彼速去，亦感有失巨矣。
今後新進人員之是否能適如理想合作，至念。

5 月 19 日

　　得粟概兄來函，悉趙曼黎兄為彼團少校幹事，彼則擬調高教班受訓也。壽昌新廿三師代少校科長，未蒙總政核准，殊悵！君淮來函，擬來渝工作，告以鳳樓兄之意欲彼至中央社也。今日又復來信，囑代謀專科證件，則實亦無能為力也。向樸則五峰任科長，至慰。今後擬多讀國文史地及研究縣政建設之。得閱江恆源於大公報載德江縣政參觀記，對努力縣政之性趣油然而生，吾將來或欲努力此道也。

5 月 20 日

　　中午，為業衍璋與趙恆之同志離部，同仁在部歡宴。席間雖曰暢飲，但心中各有所寄，僅可稱之曰強顏歡笑而已。業兄鍾情，對羅兄之不能互諒，尤深抱憾云。

5 月 21 日

　　科務以最近業衍璋同志離部去三聖宮總政治部一廳服務，故本科中心之編撰工作，又告乏人主持，剛值入軌之業務，自此又告紛亂矣。而今後余之業務，一方面已整理入軌，勢必增加，另一方面則業兄之工作或將暫時增加一部份，故內心殊為憂慮。蓋今後讀書時間太少，終日悶頭於案桌，深所不願也。上午部務會報，書記長指定余代理紀念週紀錄。此事又為疑遲不決，一恐不能勝任，反遭不利之名譽，二則今後星期日不獲自由運用，亦屬一損失也。但果能得順利擔任，則多一

學習機會，似亦屬佳也。將來能得一習速記術則更佳也。今後讀書宜求箚記，否則事功不能顯，而限期計功以求也。

5月22日

上午參加本部第一次國父紀念週，因書記長及科長強余擔任記錄，雖生平尚未一試，但勢不可卻，祇可困而行之。午前九時正式舉行儀式，出席股長以上人員七十人左右。首由彭處長宣讀委員長訓詞，繼即由端木副部長訓詞。以辭都拉雜瑣屑，且屬首次聽講與記錄，故雖力持鎮靜，記錄尚感困難，但幸尚可自為整理也。返新後，接叔其自三聖宮黨義研究班來書，謂囑事轉託培萱兄照辦，諒可無問題也。繼即送衍璋赴三聖宮到差，直待車至午後二時左右，巧遇客少，帶行李而行也。家寶兄始終未能互諒，於行前殊憾。返部後與科長略談科務，並調整辦公室佈置，擬介紹同學來此工作，苦一時思索不得也。晚決定設法介士龍來此，認必可勝任也。

5月23日

午前略事整理記錄，初稿尚可。旋與科長談士龍兄來此事，彼至贊同，並談及果徐君勿到差，則尚邀育興來此也。旋即快函咸豐，囑同意則迅寄自傳、論文及履歷來此作決定也。今後果能士龍、育興、憲達等兄皆集本科，則有聲有色，當可大有為矣。事業前途，互為策勵，亦得其宜矣。未卜士龍果來耶否，並先告毅夫兄此

意，並囑留意此缺變化，來日則鼎力協助也。午後六時前紀錄整理完畢，一償清結也。同仁為端五節本部生產委員會殺豬事，意見不合。總之見利忘義，爭利忘情，世道之沒落，已至不可收拾矣，可歎！

5 月 24 日

允符毅同志之請，代為計劃科檔之整理，此後紛亂無章之文稿，或可得一頭緒也。宗武傲慢而懶，故過去對科收發一事，實未能勝任。今則符毅同志雖能力稍遜，但果自善為，必較張同志有成績也。

5 月 25 日

蘇聯對「第三國際」決議解散，並解除各國共產國際支部對於歷屆大會宣言及決議應負之職務與其章程之約束，是則共產國際之世界革命政策，蘇聯顯已放棄。其宣之中並指導各國共產黨應效忠於其祖國，為爭取自由獨立之民族解放，而為儘速驅逐希特勒主義及其附屬而戰。此實賢明而適切政治潮流之措置，並足以消洱盟國間一切妒疑之暗影，裨益於作戰時間之合作，與戰後新世界和平之樹立良多。吾不知自命前進之中國共產黨，不知將何以報效國家民族也。

5 月 26 日

接壽昌自湖北公安前線來函，備述前線生活。彼之忠勤工作，實至堪佩仰矣，但天道淪泯，道德毀盡，以此忠耿之士，尚不能見愛於人，是何理哉。馳書慰勉

之，並盼有機來渝共同努力可也。讀書進境太少，舉目
又不得相知之士以共慰勉，痛苦屬甚，奈何哉！

5月27日

近日工作至為繁忙，大有不勝擬辦之勢。三十一年
度總報告各項統計表現在臨時趕造，更屬無補實際，傷
腦筋之事，真使人頭痛。本科工作大部皆我一人擬辦，
志業去後，更為蝟集，心至悶而煩也。

5月28日

接際輝兄來信，育興果去糖局，當可設法也。以麟
堂病，故亦告窮，最近並擬轉蓉局以便高考之便利也。
同時育興來信，則謂決心來渝云，約下月初旬可動身，
囑籌旅費，實困於應付也。但謀工作一節，亦殊困難，
果來，或能在本部暫住也。士龍快函諒能邀讀，未卜能
同來否。特黨無同志切磋，實一痛苦，果來，實公私俱
佳也，或擬與書座一談，或可成事實也。此間環境，余
能得人，實可一幹也。

5月29日

午時發驚報，我機及盟機即臨空作應戰準備，隆隆
之聲震耳。知我空防之堅強也，敵機未能來襲也。今日
首次入防空洞，此亦到渝後之第一次參觀防空設備也。
洞即於黨部旁三十步之山中，山高數十丈，盡係花崗
石岩層，堅牢可稱無比，洞深數十丈。據老同仁趙某告
余，此洞乃為軍委會城塞局所修，兼為國防工程用，故

設備與構築又佳。上下左右四牆皆用厚三寸之木板及木柱支撐，恰為一地下木屋矣。廣寬容五人直入，兩旁有坐椅可坐，又恰如坐汽車過山洞也。每隔五、六丈處，更有木屋壹間，中置辦公巨桌，或供警報時之重要辦公也。警報時即裝電話，消息亦靈。

5 月 30 日

上午紀念週，原政通報停止，但今晨八時忽通報仍舉行，此因俞部長已返部故也。余仍起任記錄，部長以疲勞，故未出席，仍由端木副部長傑主席。今日到同人特多，股長以上實到 133 人，曾憶上次不足七十人也，此種現象殊令人費解。副部長報告六戰區戰局已定，但以適值 29、17 兩集團軍適值整訓來六，而六原有精銳部隊則調緬，故敵人乘機進攻，不免受損失至巨也。現已調整部署，空中亦出動助戰，當不致如一般所言之嚴重也。但全力西取，恩施今日卻已受威脅矣。幸陳長官返恩施坐鎮，抑更■■破壞澈底，余思或可挽回此次之嚴重形勢也。林主席政躬違和，據紀念週時同仁稱，係中風重症，恐已不治矣。今日報載，中央臨時會議已決議主席因故不能行使職權時，暫由行政院長代行也。午後到覃家岡滑翔機場參觀滑翔機模型比賽，頗饒興趣，最好者在空中滑翔停留恆五十九秒鐘也。回憶兒時風箏，今後可改為滑翔機以代矣，殊為下代兒童慶幸也。今日參加者以南開中學為最，他則甚少，某大學航空系僅數人，他則竟無，參觀與主持比賽亦欠熱烈與慎重。今後滑翔運務，似宜加強宣傳與訓練也，各級學校尤應

督促領導學生熱烈參加方可。

5月31日

今天公家發軍便服壹套，式樣及衣料俱佳，軍事機關之工作衣服問題可得解決，實屬較為有利，但校級人員僅發斜紋料半套，殊為苦矣。衍兄去後，工作加重，一方面都得學習甚佳，但時間支配不夠，讀書也受影響，不能為苦耳。接恩俊兄來函，知在卅二區黨部工作，在一個機關辦事矣，今後該部工作當可求上軌道也。勿忘舊情之處，頗以自慰。

6月1日

為介紹姚士龍及楊育興二同學來此工作事，頗為勞思，現正積極進行中。本月當選為伙食委員會委員，負責管理金錢。接乘風兄函，囑於六日共赴南溫泉旅行，並討論連絡事宜，決於是日前赴也。

6月2日

接月姊來信，謂準備吃喜酒、雞蛋可也，但現則尚早，擬以後請代為物色妥相女友介紹，以便學習社交也。接毅夫兄信，囑馮方濤兄事可否設法，但以尚未接士龍兄復函，故遲了。今日致士龍、育興一信，附寄洋貳百元，囑即決定來否。又致炳林一信，寄衣款洋貳百元。今年夏季校官發卡其半套，不能整套縫製，誠苦矣。領四、五月代金等四百餘元，當日即告用盡矣。

6月3日

接毅夫信，囑馮方濤兄已離軍政特，有來此意。復詢原任何項工作，及告士龍兄尚未復示，但科或有幹事缺希望。君淮來信，知士龍在施已選上督導，前快函恐不能及早接得，至以為憾。近日六戰區鄂西大捷，脫離又恐未便，內心懸懸也。未得知心之同志共事，對於生活調劑殊痛苦，工作繁重，尤不易騰出讀書時間，更為憾也。中午，為加菜事，楊堯昌同志與張耀建同志爭吵。為如此小事而意氣之盛如此，誠出乎意料矣。

6月4日

理髮，並舉行第三次儲蓄。鄂西大勝，至為欣慰。與思信兄談部務，以小人操縱一切，而不能好自為之，至以為憾。囑彼能及時勸書座改革部務，並引用新進青年，是則余亦樂為介紹優秀幹部前來也。

6月5日

午前舉行會報，書座對余處理中業案極贊許。科長近以在部單孤，有外謀五十三軍特黨事意，睹此情形，殊憾！午後三時，應乘風電約進城，先抵鳳樓處，旋抵克誠處，未遇，逕抵乘風處，暢談頗快。

6月6日

原擬赴南溫泉，以川湘聯運處沙主任等赴烏江試航，乘風大忙，未果。午後一時，渝市發出警報，首次參觀渝市防空洞焉。由川湘接長途電話黔江政部，知育興進城，即擬來渝矣。接士龍兄，知前函咸豐者迄未接到，由乘風與之通話，詢是否願來，迄未決定，囑於明後日再電訊可也。旋抵克誠兄處暢談，並抵國泰戲院看「血染河山」，目擊斯時美國西部建設時，西聯電報局工程之偉大，及工程人員之忠勇精神，至以為佩。晚黃希明來晤，別後六年，一旦歡敘，至慰。晚飯與克誠共餐，吃梭子，此乃六年來之首次與彼過端節也。

6月7日

乘軍政部便車返新，接育興信，知在六政已辦妥離

職手續，即可與周希俊同行來渝。余即以此告科長，並囑鳳樓留心。而寄款貳百元，恐不能收到矣。中午聚餐，書記長亦參加焉。晚參思信兄吃飯，談及本部同仁之離心離德，此次殺豬，書記長竟分配二斤肉之事，毫無情感表示，殊悵！書家信稟近況。接偉姊信，近尚佳，但患痤為苦也。心緒紛繁，終日沒有辦公也。

6 月 8 日

老業來部，近況尚佳也。今日由軍黨處周處長兆棠介一高同志前來，擬接業缺，恐已無問題矣。設此人竟係范某介紹，則宣訓科今後亦複雜矣。科長做事，不能有魄力，到處為人左右，書座亦然，殊可憾。

6 月 9 日

楊育興兄事已與科長商妥，改由中央直接派委，諒可無問題矣。為人介紹，誠為難事，為士龍與彼事，已半月內心不安矣。代填履歷表交科長帶城，明日當可有確定也。來渝果快，計日亦可達矣，念念。陪衍璋兄早餐，勉進取而勿退縮，此當量力自行也。物價之昂，早餐即去五十元許，但上月起待遇調整，或可彌補也。

6 月 10 日

接毅夫兄信，知馮方濤兄擬來此組科，並囑海萍兄協助。與海萍商談頗久，廣及本科人事知複雜情形。彼對思信兄之誤會，亦表不滿。詢及集團軍及軍特別黨部之編制頗大，書記長為少將，秘書為上校，科分組宣、

總務二科，除秘兼外，總務科係中校科長也，少、中校
幹事各一。即劉志義自楚雄遠征軍秘書處來信，擔任中
校秘書也。

6月11日

得乘風兄來電，知周希俊兄已抵渝，諒楊育興兄亦
可同抵也，去函上清寺求精中學第六戰區辦事處詢之。
士龍意欲來渝，作品已彙寄中。由余調抵劉召瑞幹事缺
一事，李科長已徵得中黨同意，囑思信兄詢書座同意即
可簽辦。但時間太短，恐不能成功也，果不出所料。過
去李科長不能深得書座信任，亦一主因也。老楊事書座
僅可允助幹，彼且未來，真傷腦筋事也。

6月12日

昨天正午，睡後起床，鼻流血，此乃天熱及精疲勞
故也。午後到壽槐庭，三團同學澄邑楊舍人郭□□同
志擬在此設法工作也，彼曾任地政工作，去地政署較
妥也。

6月13日

上午九時，國父紀念週及陳副部長勁節舉行宣誓就
職典禮，余任記錄，由俞部長飛鵬代表中央監誓。陳副
部長自十三年追隨部長，迄今已廿年之久，最近自昆明
行營組監調任政務次長。彼僅為崇真小學畢業，歷久奮
鬥，至有今日，殊堪吾人效法也。首次部長記錄尚可，
晚可謄清。

6 月 14 日

決心做卡其料制服壹套，向科長交涉半套衣料，已得同意。原有舊褲三條，決心拍賣。實行平生第一次之拍賣，由郁文祺同志協助，三條舊褲可標價肆百餘元，估計可得 380 元云。老楊迄今未到，心殊不安。工作稍繁，不獲安心讀書。

6 月 15 日

科長哈其料以四百元讓余。此次校官皆發哈其料半套，扣價購款壹百元，但發縫工費洋壹佰二十元，故每人可得純益約時價四百五十元，相當一月薪津之純收入，實亦不無小補矣。而余則亦得此機做一哈其料制服，以便集會赴宴之時，有一稍可之服飾也。向大時代制服定做上裝及帽，共價百元。老楊遲遲未到，念甚，為此事而月來心殊不安矣，為人謀誠難事。而科長之苦衷，亦不必再遲矣，蓋他人欲來此者實多，非推宕所可應付矣。余已允其在本星期不到，則可另行謀人，果近一、二日不到，奈何、奈何。

6 月 16 日

得父親四月初四（五、七）來諭及芸妹函，此乃來樵莊之第一封家信也，至為快慰。家中父親以下俱安吉，商事亦順利，是可快慰也。余之婚事東海已不成問題，曾再囑父親轉囑另嫁，老親固仍可維持也。他則果人品才學皆可，而年在廿歲右左者，亦可善擇，但總須慮及尚須二、三年返家。章姓似可，可先一占，但以不

能進一步認識為憾。芸妹婚事則務宜善擇，一方彼可自立，但亦宜父親當面看過，滿意方可，程度似以高中畢業為最低要求也。至於祝三既占不合，以姑易嫂，俗亦不取，況華家糾葛未了，似可不論矣。芬妹已擇明春正月初三出嫁了，采叔二男三女在寨經商頗佳，小叔則以小妾與油瓶揮霍，虧空日甚云。

6月17日

接育興兄信，知十四日到渝，遲至今日來信，我念極矣，迄今未來新，尤以為念。此事成否，恐已較難矣。上午參加駐渝直屬區分部幹事聯席會議，至十二時散會。下午發家書，約育興明天來晤。晚接電話，知馬科長浩然逝世，至以為悼。老成凋謝，傷哉！但據友人云，年老不該娶妻妾，是女子尤害人物矣，女子為賢內助則可，切誡！切誡！

6月18日

近日心頗不安，讀書做事皆不能平心靜氣，對黨部同仁之離心離德、「趨利避義」也委實寒心。伙食委員會人家不負責，自己也生氣，何況管不了這許多呢？心想好好幹，但勇氣不足。

6月19日

老楊下午冒雨到新橋了，這種精神似乎要得。特室別後，一旦暢敘，委實快慰，但大家風塵撲撲，似乎沒有過去俊英了。談長說短，也知道了老家（六政）的一

切了。士龍越發浪漫，竟要賭起來，委實傷心！此次老楊想讀書，考中央政校，所以很想在市區做事，同時補習英文，階級方面，也希望少校。所以此間能否成功，委實有問題了。盡了我的心，可自問而安了，也許我太熱誠了，但這是應該的，也要如此辦呀。談東說西，相當快慰，友情是可慰的，在人生中也是最偉大而廣寬的！

6 月 20 日

老楊的事，經科長面談後，決定先寫自傳、論文寄此，再經書座同意，有少校位置時進行，屆時則可由中組部檢出後逐派，否則少校不成，枉非他亦不願在鄉下幹，那沒在城另找事好了。送他旅費貳百元，過去寄他的貳百元也退回了，沒有兌到錢。最近經濟溢出預算至巨，該緊縮呀。

時間真快，來特黨三個整月了，係該努力呀，爭取時間，前進努力。

6 月 21 日

余生性不喜苟合，故來部後不能同流趨汗，少數同仁不免非議也。近日科中新添同事已迫在目前，今後人力充實，當可多得讀書機會矣。老楊事或不能成功，不能得一知己者共事，實至憾也。

6 月 22 日

哈其料下裝褲連帽，共做工價柒拾元，今日取回。

首次拍賣白短褲得洋八十五元。本月為新製哈其料壹套，除自己夏服料半套外，李科長讓料半套，計價四百元，做工共價壹百七十元，故須六百元之急用。外加應酬之多，頗為拮据，不得不擇不切用之衣物，以求拍賣抵償也，誠苦矣。否則挪借於人，更屬不宜也。經濟稍迫，即痛苦頻侵，金錢誠萬惡矣。

6月23日

在新橋管制站來電話，知道徐忠良兄來此。彼現任全國公路總局運務處管制科科員，近況甚佳，暢談頗慰。張大經兄即住新橋桂花磅，現在北培復旦讀書，今後可多把晤矣。

6月24日

育興兄事，科長囑再來新晤書記長後決定。彼是否願來，實一問題也。科長家中太太及小女時為多病，科長殊苦矣，因此心緒不寧，不免時常對人生氣。近日為經濟困迫，精神頓感不快。下午理髮，以求精神稍煥發也。悶來時惟讀書為樂，書中自有樂，安慰不少。

6月25日

與思信兄談及有家庭負擔之累，以目前生活程度之高，實已不能再維持矣。以少校之月入，除軍米需全部供食外，僅得三百元左右，則以每日蔬菜拾元論，即可用盡，其他鹽、油、柴、衣、應酬等費，皆不能有所挹注也。據同時許安國君云，彼家有四、五口之眾，除食

飯外，僅來連數日吃白飯度日，即以今日論，亦家無分
文矣。公務員之痛苦，誠至極點，設非想法整個解決，
奈何哉。魏同志道性云，今日尚不如工人遠甚，且衣著
彼可節省，即以雨天論，可穿草鞋或赤腳，余則礙於情
面，不能如此辦，皮鞋不得不忍痛犧牲也。

6 月 26 日

下午楊育興來部，經與科長面洽後，再由科長與書
記長面洽。結果以本部幹事缺皆已補齊，僅餘宣傳員可
補，准以同少校待遇任用。復徵育興同意，暫屈就斯
職，乃進謁書記長面談決定。詳談半時許，雙方尚洽，
乃即以此決定，由李科長簽呈之。此事科長特別賣力，
亦愛其材也，書記長亦破格任用，可謂對介紹人備為信
仰矣。但老楊能否善盡努力，確屬疑問，言下尚不能表
示代勞之滿意，天下事真何容易哉。此來借彼貳百元，
匯擱貳百元，零用壹百元，因此使余備受經濟之困。彼
尚尚預借錢，真難矣。余忠誠待人，可為至矣，果再不
能善獲結果，則此後粵人將不可處矣。晤忠良，代修繕
報告，彼能力頗強，尚屬有為也。

6 月 27 日

上午，老楊與徐忠良進城，囑早日到差。紀念週時
大雨，到者僅五十餘人耳。返部，與思信兄談黨部事，
感情之冷酷，殊令人痛心也。近日余以鋒芒太露，勢已
遭人忌刻，故睡老翁寢室，竟有人私訴書座矣。決心
即日另搬睡外，此固余所樂願，藉此又多與諸同仁連絡

也。月中用錢四百一十元，無奈。今日又向思信兄借支
叁佰元，彼處調度亦難，誠苦矣。

6月28日

寢室搬至第一室，環境尚佳，與吳國彬鄰居，此後
與同仁生活接近，當可多所連絡矣。連日天雨，已超過
需要之量，故人心咸盼早天放晴也。

6月29日

擬作中國通史箚記，今日開始也。作文思、壽昌、
文範、習之、克成各一信。

6月30日

伙委會近三日來，連打牙祭五次，打破歷屆伙委會
記錄。今日上下午吃肉共八斤，大為同仁滿意。此種集
中攻擊式的打牙祭，同仁咸皆喜形於外，伙會無所評論
矣。而余此次初任公務，即爭取同仁之佳評，亦一自
慰也。伙伕辦烹調尚佳，亦經余提會報月賞五十元為津
貼也。

7月1日

　　午前本科新任中校幹事高朗同志到差，午後新任少校宣傳員楊育興同志到差，此後業務方面當可分配擔任而減輕負擔矣。午後陳祝平弟自瀘州李莊同濟來新橋訪余，闊別七、八載，一旦暢聚，何其歡耶，相述過去，更不勝神往矣，詳悉桐、偉等在昆情形，至以為慰。午後三時步行抵小龍坎，訪彼叔陳星元。彼前係陸家橋酒槽房大老板之一，亦軼叔親戚也，今則流亡在小渡口謀擦皮鞋為生，但志氣不凡，仍力督其子陳鴻恩兄入中大就讀，此屆已畢業矣，據告擔任遂寧公路工務云，其女貫一亦係去歲高中畢業，以未考取大學而今年閒居在家，擬下半度謀教員職云，其次子丕恩在合川國立二中肄業也。對祝平往謁，情不自禁，殊多憾慨，而對於陳氏兄弟不獲好好讀書，以取大學資格，言下不勝痛罵陳永仁、陳利仁等為富之不助族中後進求學也。故力勸，而且囑祝平努力讀書，務必大學畢業云。觀彼志氣正直、威武自力之精神，勗勉後進力學，而及身對子弟讀書負責之態度，誠不勝欽而佩也。對陸家橋地方好學風氣之深入人心，尤為深感祝地之落後主因也。彼曾現褐衣窮居，但樂命自生之氣概，故不可侵其毫里也，故精神與體格看來仍強健也。在彼家吃麵後，約六時車返新，八時抵部。晚睡陳某牀，臭蟲為患，苦矣。對祝平讀書問題，余仍主力學，但彼視為畏途，退縮卻步之意，俱為顯然。憶及吾親兄弟三人亦不得好自為學，誠十分自惕且羞也，今後將如何力學進修，以補前衍之過矣。

7月2日

祝平赴南岸。下午召開科務，重新分配下半年度工作，余減輕工作矣，老楊則負責社會服務處壁報及各級中山室工作等。前拍賣之褲，以五元手續費取回矣。與老楊閒談六政往事，不勝神往矣。

7月3日

上午舉行部務會報，正式發表魏道性兄繼任總務科科長。下午接本部勤黨渝總字第 769 號部令，以「同少校助幹王貽蓀服務勤敏，勇於任事，自七月份起月支津貼五十元，在書記長交通費內支給」，來部為時僅三月，以忠誠工作，能得長官見愛，可得自慰也。今後當益自奮勵也，但自學尤為重要，故宜兼程並進也。老楊來此亦能得科長見重，如此期「七七壁報」辦得出色，今後可建樹信任矣。擬邀申際輝兄來此，但尚未決定也。

7月4日

午前紀念週，副部長訓詞，對：（一）同仁精神散漫，一百七十餘人，股長以上人員僅到六十餘人，殊為引痛，而以回憶南京時代工作精神之振作，尤不勝今昔之感；（二）對戰局之說明及戰區兵識之宜及時整理、檢討及準備；（三）從節約電報，講到公文處理與做人做事，引述各節，至堪痛心，所稱外人現自大使以下，無一人評中國好一語，更為痛心矣。而雲南方面所供給之彈藥、汽油，竟以外人不信任吾人之管理，贈後仍欲

收回，尤可浩歎。晚至科長處談心，至洽。

7月5日

書際輝，徵求同意來此否。近日科務繁忙，終日為之不暇應付，人多事多，誠不虛傳。老楊負責社會服務處壁報，甚為擔心，此恐第一炮打不響也。事忙精神反緊張而愈振，亦不可矣。

7月6日

午後四時，奉命代表本部出席陪都「七七勞軍大會」，乘特派旅行車進城。同行拾人，以待書記長候車半時許，頗引人置喙。國人每稍居高位，即不能遵命時間，殊憾。慰勞大會於夫子池新運廣場舉行，佈置至為莊嚴。台頂高懸國旗，稍下即懸掛三十六盟國之旗，成一 V 字型（代表勝利），台正中自右至左（以面對台人之右為右）懸掛中美英蘇四大國國旗，並於旗下懸掛四國元首像。台左右兩側有二大火炬，右為「民主力量」，左為「民族精神」，象徵此二大力量也。到會長官有孔副院長祥熙、吳秘書長鐵城、何總長、錢次長、張部長、谷代會長正綱。外賓有史蒂威爾將軍及英蘇軍事代表團、美國空軍，皆先後致慰勞詞。分別舉行文化勞軍、鞋襪勞軍、空軍受勛等儀式，出席皆有坐位及茶點。事前準備尚佳，但會場秩序尚有未合者，即不能遵時開會與保持靜肅，往來梭巡者更屬不合矣。會後放映「沙漠大捷」電影，觸目者皆為坦克車、飛機、大砲、汽車、卡車、機槍之活動，或為海空聯合運動。外人之

戰鬥，誠已機械化之更度矣，反觀吾人，將何以迎頭趕快也。十一時返部，車於小龍坎附近天星橋即拋錨，慌稱油量已盡。司機之可惡，對本部尚屬如此，遑論服務社會矣。

7月7日　七七

　　抗戰六週年矣，瞻望將來，檢討過去，無限悵惘！午前曬曬衣服，午後整理記錄及參加壁報檢討會，發現「修稿」問題與「擅改」公文二件錯誤，甚足吾人策勵而惕勉者也。做人重於做事，而青年每易為做事而忽略做人，誠宜痛改也。「當局者迷，旁觀者清」，余之短處日多，正善為克制而用功夫也。

7月8日

　　午前發桐偉哥信，告以祝平弟來此經過及六月考績案情形。午後得月姊自貴陽中院來信，謂「條件似乎太苛刻一點」，實在難乎選擇。說到同仁，四週盡屬護士，程度則初、高中畢業進護校者不等，但年齡皆在廿二歲左右，但沒有男朋友的女子實在太少。這是時代如此，遇有機會當盡力選擇，但仍希望自己選擇自己合意為最好，月中則預備休息云云。自己想想，也實在太老實，迄今未曾結識一個女友，真是一個初出茅廬的好孩子呀，但能不為人所笑者難矣，恐對自己姊姊說外，尚可向人訴說乎。然以目前而論，談社交固應學習，不可坐誤青春，拋棄人生最幸福的享受。然環境與事實的壓迫，事業的奮鬥，似乎也不可隨便進行戀愛，否則徒找

苦吃，尤何必呢？

7 月 9 日

　　為明日召開駐渝各直屬區分部幹事會議，並請盧總參議出席訓詞，故內務稍加整理。晚五時許，忽科長交擬「一冊捐書運動辦法」，六時前即完成，養成此種迅速處理公文之能力，實至重要。科務雖增二員，但並未減輕，反以工作展開加重，誠為重大負擔。高幹事之不能勝任愉快，科長甚為不滿，故大部份主要工作，仍只得余兼辦也。此種情況，除有損余讀書自修外，在鍛鍊辦事能力及表現工作才能上洵屬良好機會，故無論如何，尚應克盡厥職，悉力以赴也。

7 月 10 日

　　午前九時，參加駐渝區分部幹事聯席會議。盧執委佐訓詞，約為：（一）發揮服務道德與革命精神；（二）力行以求真知──今後要機關學校化；（三）刻苦節儉──個人要刻苦，公家要節儉，「儉為美德」，「事可以不做，人不可以不做，故崇高之人品，必須保持，則惟儉為主」，詞意甚為懇切也。旋討論提案，以七月二十日中央黨政考核委員會即將出發視察，故本部及各區分部勢必繁忙矣，決定本部於二十日開始預行檢視。討論「一冊捐書運動辦法」，有刪正處，但大體尚可。下午繼續開部務會報，開會之苦，誠不堪言矣。

7月11日

出席國父紀念週擔任記錄。副部長報告兵站工作情形，至為沉痛，有云：「凡社會上每發起一種慈善之救濟運動，即為反證吾人不能盡責之罪戾」。例鞋襪勞軍運動、冬衣募捐運動、傷兵之友運動等，皆表現吾人之不能於被服補給及營養醫藥有充份之辦理良好也。談及西北水井問題，軍政部方面不能事前調查確實，即憑空向委座報告，此種敷衍虛假情形，實至可慮。而遠征軍方面之不能及時準備，而外人交接彈藥亦不能妥為保管，致令美人擬收回自行保存，殊屬至堪愧惕矣。

7月12日

上午科務會議，此次為黨政考核會準備工作。本科重要工作盡付吾一人辦理，誠苦矣。高幹事則請假未到，亦未分配工作，老油子不負責任，奈何！余本人工作固可，但不獲多得進修，亦至苦悶也。晚業衍璋兄來部，閒談古今內外，竟至十二時許始睡，已倦極矣。

7月13日

近年政府對於銓敘工作至為重視，為保障將來計，亦非辦理銓敘不可，老業亦有此感。余實亦有從早設法之必要也，否則從速準備高考，以取得合法資歷，實亦一辦法也。楊育興兄在此頗感寂寞，似宜求一女友也。

7月14日

天氣開始炎熱，而忙於準備視察，誠苦矣。精神得

不到安慰，雙重苦悶也。官場較作風熾，吾人實幹，反自覺老實無用矣，可嘆！

7 月 15 日

為新聲壁報寫「這一句」及「綜論國內戰局」。際輝來信，是否來渝，尚未定也。祝平來信，提及為陳品益謀事，果能有履歷寄此，或可代設法也。

7 月 16 日

華漢民表兄來新一晤，以時間匆促，未及陪同一餐，至憾，實亦近日太忙矣。辦公時間改為上午七時卅分至十一時卅分，下午為三時至六時卅分，較為妥當也。科中業務分配不均，忙的太忙，工作皆為敷衍，缺乏真實性，至以為苦。常此以往，實非所宜，郁、楊、羅亦同感也。

7 月 17 日

整個上午時間浪費在應付部務會議，以致無形停損工作半天，而所討論實皆局部事項，無須全體同仁參加檢討者。按開會目的重在檢討，如斯寧非浪費也。而各級負責人員以書記長如此規定，即奉應故事，無一建議改善者。而會後又復討論不一，嘖有煩言，是何解釋哉。下午一口氣也透不出來，忙了工作簡報，至晚始脫稿也。近日業務繁忙，精神企求安慰，故對擇友之事倍感興趣，但不願冒昧進行也。

7月18日

今日照常辦公，乃為應付視察也，其實平日稍加努力已可矣。中午為自己慰勞計，購牛肉炒九菜吃，頗自慰。

7月19日

奉命預行檢視駐渝各區分部，與組織科壽同志槐庭同行。上午赴參謀處，中山室寬敞，但佈置欠妥，幹事屬熱心，但係門外漢也。繼赴軍械處，以中山室被暫充寢室，工作停頓矣。下午赴衛生處，該部指導員吳副處長對黨務熱誠，工作殊優。繼至經理處，基礎雖佳，但目前工作停頓也。黨務不能經常推動，乃通病也，中山室無專責人員管理，為一大缺點。為準備檢視，部中近日繁忙異常，係煞有介事也。

7月20日

近日精神不安，生活失卻正常規律，心情燥急，又喜脾氣之盛，是宜戒之也。而半月來談笑以「女人」為對象，更引起性理上之起伏不安，實環境不恬靜之所致也。對婚姻固屬重要，但總以慎重出之為妥也。工作上得不到合理的負擔，老楊工作亦欠如意，而更煩。

7月21日

接吳文燾來信，知在康患病，至念。賀少儒來信，囑合組建築公司。文思來信，述告近況，至以為慰。讀中央日報「試談戰時戀愛的態度」，提出：（一）不要

輕率和急燥；（二）不要採取戀愛的手段；（三）不要
妨礙工作與學習；（四）不要戀愛自由；（五）不要不
敢談戀愛。洵屬恰當之論也。

7 月 22 日

天氣炎熱，情緒不安。晚失眠終宵，精神苦極矣。

7 月 23 日

晨起精神困極，鼻血竟流不止，乃休息半日未辦公
也。得志英姊來函，謂鶴哥將任職黃河水利局副局長，
囑我們去豫可也，那邊有水專亦可進云。但事實上恐已
不能即起矣。天熱極，勢將不能辦公矣。

7 月 24 日

復志英姊信，詳述或不能去河南工作也，但願介
紹王炳林兄前赴，不卜鶴亭同意否？老楊生病，至以
為苦。

7 月 25 日

墨索里尼下台，巴格里奧任首相。

八時參加紀念週，副部長訓話，對本部監護營士兵
紀律之壞，竟偷副部長公館之東瓜，到保甲長煮食，夜
則敲人家之門，真與土匪無二，痛切訓示，勒令二營長
查明追究，以及應切實整頓云。接際輝兄信，擬來此工
作，預備與科長商談也。午後赴科長談際輝問題，未得
具體要領。連帶提及育興及文祺事，科長表示對老楊有

不滿處，但亦有誤會也。文祺調宣傳員或無問題也。

7月26日

　　楊育興生病，焦灼之甚，余心亦大為不安。晨起辦公不到二日，即流鼻血，誠苦矣。天熱反常，身體當格外注意也。

7月27日

　　老楊病稍痊，似無問題，但余精神至差，早晚俱流鼻血也。天時太熱，甚易得病，同仁皆泰半病態也。

7月28日

　　晨陪老楊到公路衛生站診病，余亦診鼻病。醫生尚認真從事，較之本部衛生處醫務所較佳也。

7月29日

　　天氣至熱，據云本日午後「熱流」經過重慶，應特別小心預防也，故本部下午停止辦公也。二日來鼻血未流，老楊亦痊，精神稍佳。寫「加緊進攻敵人」新聲壁報稿一件。接炳林兄信，囑提取前訂呢料也。

7月30日

　　接軼叔信，囑暫借零用伍佰元或叁佰元，情似不可卻，但適經濟困迫之時，奈何。擬先請克誠兄通用，然後奉還，未卜可能否。下午改辦公時間為五時至七時，天熱故也。育興病痊，余亦鼻血不流，精神稍安慰也。

7 月 31 日

新聲壁報第三期出版，余寫「加緊進攻敵人」、
「關於青年的升學與擇業的方向」及「新聲點滴」，今
後能如此經常練習寫作，當可不有助於作文之增進也。
昨夜大暴風雨，把暑氣消去了，人也格外覺得舒適。綦
江呢料未取，軼叔來信未復，經濟太苦了，真使人傷
腦筋。「錢」影響了我的友情和願望，它真是太「惡」
了。今日開獎，希望能中個獎，倒也可以解決一下，
一笑！

8月1日

徐忠良兄自交通部公路總局來新，旋同訪高家岩十九號張大經同學，因在北碚復旦大學未返，故先後二次均未遇也。留宿暢敘，至慰。本日午後七時原定在本部中山室舉行象棋比賽，並請國手謝俠遜、朱劍秋二氏表演，但午後大暴風雨，臨時改由社會服務處舉辦。本日國府文官處公告，國民政府主席林公於本年五月十二日政躬違和，忽感不適，延至八月一日下午七時零四分逝世。並留有遺囑，勖勉國人一致服從總裁命令，努力奮鬥，俾國族早日復興。

8月2日

林主席逝世，國府主席由行政院院長蔣中正同志代理。全國下半旗三天誌哀，機關學校停止娛樂一月，民眾三天。向家寶兄移款貳百元寄軼叔。接三所朱德傳兄贈照壹楨。

8月3日

日昨張紹基兄來，常熟同鄉三人，係青年同志，新（二月）從淪陷區來後方者。原擬繼續升學，但以舉目無親，無人引援，而旅費告盡，滿腔熱血，勢成泡影也，現擬暫謀工作。觀其中蔣還同志楷書尚佳，謀向科長說項，介紹本科擔任錄事，未卜能如願以成否？接炳林兄信，至願赴豫工作，擬向志英姊徵求同意後，再函鶴亭先生介紹也。

8月4日

　　思信兄之長子翁子餘，年十二歲，今日為彼生辰也（陰曆七月初四日）。現就讀新橋小學四年級，性誠實寡言，與其弟子健個性適相反也。

　　本科高朗同志，連日未請假缺席二日，致遭科長不滿，手示以曠職論二日。此故高同志屢不假所致，但彼家室之累，實亦至苦。然以私害公，終不諒於公也。

　　總務科劉一鳴同志最近即將離部返家（四川仁壽），彼原任部發文之職，但以青年心急，更以談情說愛，故屢誤發公文，致遭當局譴責，並由助幹降調為宣傳員。實則以余觀之，彼尚不失為川中優秀青年，果能善以任用，嚴以督導，則仍可造就也。

因錄曾胡治兵語錄「用人」章之要者自勵

曾國藩：

一、今日所當講求，尤在用人一端。人材有轉移之道，有培養之方，有考察之法。

二、人材以陶冶而成，不可眼孔太高，動謂無人可用。

三、要以衡材不拘一格，論事不求苛細，無因寸朽而棄連抱，無施數罟以失鉅鱗。

四、求人之道，須如白圭之治生，如鷹隼之擊物，不得不休。又如蚨之有母，雉之有媒，以類相求，以氣相引，庶幾得一而可及其餘。

五、大抵人材約有兩種，一種官氣較多，一種鄉氣較多。前者好講資格，好問樣子，辦事無驚世駭俗之象，言語無此妨彼礙之弊。其失也，奄奄無氣，凡

遇一事，但憑書辦家人之口說出，憑文書寫出，不能身到、心到、口到、眼到，尤不能苦下身段去事上體察一番。鄉氣多者，好逞才能，好出新樣，行事則知己不知人，言語則顧前不顧後。其失也，一事未成，物議先騰。兩者之失，厥咎惟均。人非大賢，亦斷難出此兩失之外。吾欲以「勞、苦、忍、辱」四字教人，故且戒官氣而姑用鄉氣之人，必取遇事體察，身到、心到、口到、眼到者。趙廣漢好用新進少年，劉晏好用士人理財，竊願師之。

六、無兵不足深憂，無餉不足痛哭。獨舉目斯世，求一攘利不先、赴義恐後、忠憤耿耿者，不可亟得。此其可為浩嘆者也。

七、專從危難之際，默察樸拙之人，則幾矣。

八、人才非困阨則不能激，非危心深慮則不能達。

胡林翼：

一、近人貪利冒功。今日求乞差使，爭先恐後，即異日首先潰散之人。屈指計之，用人不易。

二、人才因求才者之智識而生，亦由用才者之分量而出。用人如用馬，得千里之馬而不識，識矣而不能勝其力，則且樂駑駘之便安，而斥騏驥之偉駿矣。

左宗棠：

非知人不能善其任，非善任不能謂之知人。非開誠心、布公道，不能盡人之心。非獎其長、護其短，不能盡人之力。非用人之朝氣，不能盡全才。非令其優劣得

所，不能盡人之用。

蔡松坡：

　　人才隨風氣為轉移，居上位者有轉移風氣之責。

8 月 5 日

　　得業衍璋兄賜示，承坦誠相勉謂：「吾輩青年處世所常為世所詬病者，厥為銳氣太盛，駸駸逼人，僕嘗以此致敗，故甚悉其事。深願英氣蓬勃者，化高明為沉潛，化剛勁為清柔，庶乎立於不敗之地也」。肺腑之言，貽誠應反省而惕勵也。接乘風兄信，囑為作峯兄謀事，復向李科長介紹。復衍璋兄信，謂「以誠處事」、「嚴以律己」，取攻勢防禦戰之人生態度也。軼叔來示，款已劃到叁仟元，原款貳百元返回，並囑有四千元可劃。

8 月 6 日

　　函軼叔商劃款事，果可同意照劃，則決到渝留用也。蓋此足以解決一切經濟脅迫，而致力於學業與服務工作也。致許玉瑾一函，詢候近好。此乃余平生對女同學之第一函件也。中午沈書記長老太太壽辰，同仁少校以上咸赴祝壽，在沈公館午宴。老太太清矍康強，群孫繞膝，福壽俱全也。追憶祖母仙逝，勝利回家，不復得承歡膝下，不勝感慨不盡矣。

8 月 7 日

　　本部部務會報，討論及伙食問題時，頗多發言者。

前月原訂伙食標準為壹百元，本月初則增至壹百伍十元，尚不能維持原狀，質量之劣，難於下嚥。然今月負擔之重，即合作社分售日用品亦陡漲二倍，再加伙食高額，則最近僅增之待遇百餘元，絀出太巨矣。旋書記長指示以黨部盈餘貳千元及部貼三千元，共五千元為資金，以充生產委員會基金，利用再生產撥還貸款。但終以意見分歧，無有一人為義務感而願負責主持者，在生產尚未決議進行前，而分配問題已先提出討論矣，誠可浩歎。終以互不信任，竟見雜陳，不得而決。以如此具備資本、土地、人力之集團，如此智識份子之同儕，不能舉辦事業如斯，無怪今日國家之危矣，觸目驚心，余心至痛矣。擬以宣訓科名義，先辦實驗菜圃也。今日舉國哀祭林故主席子超公，下半旗。

8月8日

　　紀念週後赴高家岩十九號（桂花磅）張大經同學家一敘，同赴者為徐君忠良、楊君育興。張君現正肄業北碚復旦大學商院統計系也，乃前戰一團同學也。暢敘別後情形，至以為快。彼兄大有現任職國民政府，談及日前公祭林故主席時，自由法國代表蒞場時，竟被警衛組攔止未入。此乃招待組之忽，然亦亡國後被我輕視所致，否則咸有此事發生，亡國之可悲，屬甚！暇間，喜習撲克，余去年尚不熟於此，乃試以識牌及其組織。此種賭具在吾國家庭及社會，誠普及矣，不熟者將反貽譏也。

8月9日

六政秘書丁叔其兄（皖泗）來訪，暢談頗快，六政時之生活，油然而起回憶矣。談下知昔日同仁泰半他往，尤不勝慨然於人事之動盪，然生活之難苦、待遇之不平亦主因也。午餐別組織科岳海萍兄，為戰六甲隊同學也，在部四載，由於能力學養不足，無有顯著成績表現，今赴四休院為少校幹事也。晚，科長告擬調整人事，高朗即調組織科。高同志來科後毫無貢獻，然事件頻出，至為難堪，吾人實不勝遺憾也。

8月10日

上午出席駐渝直屬區分部幹事會議，地位稍高、責任稍重，便為開會所累，誠苦矣。下午召開臨時科務會議，科長宣佈調整工作，高朗同志調組織科，原業務由楊育興同志兼任，楊同志業務由郁文祺同志兼任。對高同志之此調，科長有沉痛之說明，吾人雖不勝抱憾，要亦高同志本身不健全所致。但如此尚不自省，據聞竟向中央呈控李科長等情，實屬不可思議也。科長告張永銘兄已向李科長介紹申際輝，不知如何也。余謀申同志此來，能調和雙方工作，裨造福國家也。否則，處黨工之立場，尚不獲親愛精誠、和衷共濟，則國家民族安得而救乎，更何以倡導群倫哉。

8月11日

此次工作新調整後，更見繁重，工作與學習雖能加強能力與智力之判斷，但總不免以勞心為苦也。晨起空

氣新鮮，久未早起，更未爬山，今後似宜恢復矣。余性
固執，成見之處太甚，兼為急燥，與育興兄相處未盡和
洽，今後允宜力誠趨和洽之道，否則衍璋與家寶殷鑑不
遠，況今日環境惡劣，更非謹慎小心不足應付也。晚，
一氣讀畢中央週刊，內容至佳。近日無信來，至以為
念。昆明及蘇鄉月來無信，更以為念。

8月12日

　　桐偉哥處久無信來，殊以為念，發航快函詢近好，
擬劃家款數千元以活動經濟，俾解決脅迫也，否則經濟
所累，精神痛苦，且易因此而發生友誼上許多麻煩。思
信與倍學亦以家庭經濟所累為苦，遠念桐哥亦然，更
為念念。偉嫂產前身體欠強，偉產後體弱稍弱，則當更
為煩悶矣。五月廿九日後迄今未見提筆，或所使然也。
近以諸事拂逆，不遂心意，故性燥急之時，輒無意中責
人太過，尤以對育興為然。朋友之道，貴相和平謙讓互
導，余固執私見太甚，似宜切誡，況育興年輕，血氣較
余為尤剛也，今後當以柔克剛，互為循循善誘。天下事
不如意念者，十常八九，要在吾人之耐煩以處，貽其勉
乎哉。

8月13日

　　接祝平來信，將於十七日來新辭別後，赴滬求學
也。附寄祝三兄信，知曾於七月廿日抵桐偉哥處一晤，
近況至佳，偉嫂將得麟兒也。彼對芸芳妹印象至佳，果
能有情人或成眷屬，則甚好矣。余對仕妹印象尚佳，亦

以空間與時間不獲解決為快耳。近對品益時為念及，余以同情彼之遭遇，則在艱苦中能奮鬥者，未來之合作努力，亦必可期也。擬十七日有機同祝平訪彼家時再審察之。個人學歷不足，自愧弗如，要亦不願交友之主因，但社交公開之今日，況為同鄉與戚友乎。

8 月 14 日

接際輝信，款事已進行中，果能來此共同切磋，實佳也，未卜科長等同意否。吾以誠對人，一本良心血性，可謂俯仰無愧矣，然有時不免操之太急為憤事耳。十三日軼叔來信，囑劃款已辦妥，究否劃用，尚疑不決。此深恐家中有誤會作用，但現已進行，毅然欲劃矣。

8 月 15 日

紀念週俞部長飛鵬報告視察江北兵站情形，記錄改由糧秣組劉組長擔任，此純係糧秣部份之視察報告及指示也。會後，秘書處某秘書概論今日官場，謂朝中無人莫做官，誠快絕之談也。得許玉瑾來信，知錢德昇現任糧食部四川省儲運局服務，家居上清寺美專校街一一五號，局址為上清寺街二三一號，囑有暇一晤等。晚與思信談及祝小時事，轉瞬十餘年前事，已成回憶之資料，昔日女同學咸皆為母親矣。人生之迅速易老，滄桑之莫測，誠令人不勝今昔之感矣。

關於接吻

一、接吻，看去很平常，其實是非常神秘的。牠的味道，只可以體會，而不可以言傳。它貴在感覺，以少言為妙。「丁香乍吐嬌無限」，你如果沒有經驗過，仍然是一點也不能的體會出來。

二、有人只知道接觸嘴唇，即是只知白吻，不知紅吻。紅吻是只有在情侶之間才存在的，你們如果是情侶，箇中情味，當然知道。

三、一般由接吻的地方不同，而意義也就有別：

　　a. 在前額上接吻，是表尊敬。

　　b. 在面頰上接吻，是表友誼或感情。

　　c. 吻手，表示誠服。

　　d. 吻腳，表示敬禮。

　　e. 只有在嘴上接吻，才是表示愛情的。

四、接觸是感覺的根源，有接觸才有感覺，有感覺才能有快樂。握手是人們初步的接觸，進一步便是親嘴。握手是友誼的聯繫，親吻是愛情的交流了，等到一對情人互相吻合的時候，也就再沒有話好談了。

8月16日

　　下午，本科第二小組舉行余來部後之第一次正式小組會議。事先每同志酌繳伍元茶點費，即席次及鉛筆、記錄紙、各同志發言摘要，亦皆分別妥為準備，洵屬余參加之最隆重小組會議形式也。全體參加，個人發言情緒至屬緊張，大體上可稱完滿，但發言不能控制時間，

不得要領，態度拘束，一切似皆首次會議必然現象也。
研讀題為中國之命運第一章中華民族之長成與發達，余
確認此章為三民主義民族主義一個新的詮釋，以迎合時
代潮流與國家民族處境之新說明也。文意並美，研讀之
餘，誠覺有無窮之快感與心會神悟處，然難言也。

8 月 17 日

　　近日每於晚間及午睡之時，婚姻問題纏繞於心，殊
以為苦。接軼叔信，知劃款四千元已成定局，同鄉會吳
永才先生並將此事通知家中及陶家，故迫不得已，祗好
快信回家照劃也。總之能善用家中少數劃款，以作深
謀遠慮之計，亦非不可也。書大人信及軼卿、永才、鶴
亭、志英各壹通，擬改進軍隊黨務意見書一篇。十七日
接許玉瑾、錢德昇自上清寺美專校街一一五號四川糧政
局來信，囑能赴彼處一敘鄉誼。晚試作致品益書，果
此函寄出，將為余平生對女友之第一函矣，一笑。（擬
不寄）

8 月 18 日

　　接桐哥八月七日信，知偉姊八月五日晨雙產，大小
俱安，至慶喜也。平弟來新暢晤，尤為快慰也。姨夫同
意與仕連姻，今後擬通信以相互認識之。復祝三、桐偉
信。平弟來訪，彼擬最近期中返李莊讀書也。

8 月 19 日

　　晨起，倍同祝平赴小龍坎過彼星元叔，仍操皮鞋業

也，品益已得工作矣。旋赴中大晤軼卿、見章，至歡。午後祝平赴渝，於郵局謁英華，旋再返中大暢談。晚參觀南開中學，規模宏大，越中大、重大而過之，張伯苓先生目光遠大處，殊令人欽佩也。晚茶肆談及前途，彼倆皆擬赴美，但經濟稍困耳。明年畢業，或將入經濟界工作也。余則徬徨不定，名利不得一持，殊憂慮也，否則進謀高考，或設法投資商業，似皆亟宜圖也。晚宿中大焉。

8月20日

清晨自中大返新，一夜臭蟲為患，未得安睡，至以為苦。檢查工作，頗多尚未辦妥處。工作不能往常進行，僅以應付日常急要者，顧此失彼，殊非吾人所志願也，奈何！

8月21日

王吉人兄來新，久欲一見者，一旦相敘，至以為歡。彼精於戀愛經驗，暢談至洽，育興尤感興趣也。

8月22日

星期日紀念週，俞部長訓詞，報告各戰區副官處情形，以五戰區最佳，八戰區較劣，六戰區僅有書面而無實際。後指示本部應將軍糧、眷糧部份造冊呈閱，言下對同仁生活頗關懷。述及同仁相控提名之風甚熾，謂應嚴以整頓也。近日對於戀愛問題討論至熱，慾火上衝，今晚竟犯手淫矣。雖可洩慾，暫快一時，然於生理健

康，至足妨礙，仍宜抑制也。

8 月 23 日

接鶴亭家徐志英來信，知已發表河南水利局副局長，但最近尚擬赴蘭州及迪化一行也。今日重慶首次遭空襲，傳聞小龍坎、江北一帶遭投彈云，余等在防空洞則毫無所聞也。今日檢出仕妹信，偉姊等盛意所就，擬去信一次也。

8 月 24 日

午前，天雨，但敵機有來襲訊，先後警報二小時許。午後，給仕妹寫了第一封信，乃根據去年十二月十一日彼給偉哥信所寫，盼能做我第一個純潔的女友，不知她願否。此乃純出偉哥之意，一再提及，故作此信也，但余確為對少女的第一次寫信，不知措辭如何是好也。今後擬對女友通訊方面多所練習，一面固可擇友，亦未嘗不可進而擇愛人也。

8 月 25 日

為撰擬小組討論結論起見，迫著我研讀國民精神總動員、國民道德論，和中國之命運三書。越看越覺自己空虛，不能下筆，也就越看書去。結果鬧的一天，還沒有寫出一些東西來，實在自己太慚愧了！生活要安定，婚姻問題不可太認真了，似乎需要改變作風呢，否則何論，也應該埋頭去努力才對，講空話，何補于實際呢？

8月26日

近日集中全力搜羅有關道德建設的參考書，寫成了一篇小組討論「救回道德之建設」，約計五千字，乃最近比較費力之寫作學習也。

8月27日

孔子誕辰紀念，休假一日。在辦公室謄寫「救回道德之建設」一文，餘暇時則百無聊賴，亦云苦矣。寫仕妹信，迄未寄……

8月28日

給士妹的信，終於鼓作勇氣發出了，誠為平生對一女友的第一封信，在生命史上將永恆留一印象。信中除說明寫信的原因外——偉哥的介紹——，概敘流浪經過及所感。繼述祝平來渝及偉哥雙產情形，最後要求考慮後給我佳音——做我平生第一個純潔友愛的女友——大家願意的話，不要怕醜。近日因為色慾太衝動，故午睡不能安眠，轉輾牀褥，殊為勞神，故僅得拼命用力於讀書，希冀專心字裡，怯除一切慾念也。社會服務處門面，因為不願意多化二百元錢做凸面，結果平寫了的字，一經風吹雨打，不滿三天，就遭了。中國的公事，大家不願意認真幹、澈底幹，所以敷衍成習，不可收拾了。

8月29日

午前八時紀念週，俞部長主席，紀錄改由史處長濟

寅擔任。儀式開始前,領導新進人員宣誓,以資熟練,
宣誓時尚順利,可自慰也。部長報告遠征軍情形,可謂
集中本部全力加強遠征軍兵站業務矣。由此以觀,此次
羅邱魁北克會議,洵屬主力對日,我宋部長參加會談,
誠屬重要,而我亦有備矣。據報告遠征軍兵站總監方面
皆由司總監可莊全責辦理,幹部則自多方補充也。汽
車部隊計 1,230 輛,將成立汽車指揮部,輸送兵則十八
團,馱馬則或千五百馱。調吉主任玉銘擔任總團長指
揮。屯糧應於短期內集中十五萬包,彈藥則特別重視
七九砲彈及迫擊砲彈,大箱不易抬運,應即改裝小箱,
以利一人挑運。衛生醫務人員尚缺四百餘名,應即集中
調用,而公路技術人員尤應調最好人員前往也。接軼叔
事,投資經商事,待考慮中去。女友事,亦允設法,此
乃在便於選擇耳。

8 月 30 日

接月姊八月二十一日來信,彼於七月十四日生一男
孩,大小俱安,頗以為慰,從此得有外甥,也做舅舅
了。據告醫院不給大星期生產假,真是理有此理。敏生
哥現任軍政部戰時衛生人員訓練所財務委員會中校審核
專員,最近幾月也許有變動云。此次月姊頭生得男,殊
以為慶,擬送中農禮券貳百元。接際暉兄來信,彼在食
糖局頗蒙新局長甘續鏞愛植,最近請假不可,已暫作來
渝罷論,囑便中轉向秘座等轉達也。際兄負責苦幹,能
力亦強,到處受人歡迎,意中事也,吾人亦以為慰矣。

8月31日

午前，接軍醫署同鄉西暘橋人黃祖榮兄來電話，以話機欠清晰，乃親赴該署人事科見訪。始悉彼現任該科文書工作，為少尉錄事，但極有為。彼最近擬赴中華職業商校初級班升學，由軼卿、見璋幫忙，未卜能成事實否。據告，見璋並擬介紹余入該校高級班受訓，期為一年，但以今日情勢論，至不可能也。光陰易逝，真快極了，來新後目擊插秧灌田，今則已秋收矣，今年收成普遍在七、八成左右，可算豐收，是真天助也。中央方面已提前九月六日舉行十一中全會，屆時將討論解決共產黨問題及遴選主席或改換政制等要案。國際形勢劇變至止，吾人允宜適合世界趨勢也。科中同仁最近符同志毅請准長假，彼乃四川人，實足表現四川青年之無能也。最近即可增加人員，是則工作或可減輕矣。天時入秋，亦正宜讀書上進，故亟圖自本月份起從新釐訂自修計劃也。

9月1日　離六政之週年矣

午睡時忽受風寒，週身痠痛，至以為苦，尤以上胸右上為最。晚飯後，沽酒稍喝之，並以之磨擦上身發熱，繼即就睡，週身大汗淋漓，始覺稍愈。身體屢弱，至可殷憂，宜善珍養。

9月2日

右上臂背肋酸痛殊甚，苦於握管，但工作月報所羈，仍勉強為之也。下午召開科務會議，科中新來周韶賡、徐欽德二同志，周同志擅長寫作，負責主編新聲壁報，徐同志為錄事，皆年青有為，本科生力軍也。午後精神稍佳，發月姐單掛，寄禮券貳佰元。同鄉黃祖榮兄商赴中華職校，甚為贊同，囑即赴沙後洽進可也。

9月3日

黃祖榮同鄉自沙坪返校，告余已獲見璋兄介紹，並轉託友人向中華職校許校長介紹，入學當可無問題。但彼赴謁父親時，忽以商店停業，彼父暫告失業，經濟上發生問題，乃即返新橋，就商於余。以事出預料，經允代彼逕書見璋叔說明理由，作緩入學之計，並囑入本部主辦新橋社會服務處英文補習班入學。向處室移三百元，擬即寄縈江料款七百元。

9月4日

近日本部人士劇烈變動，而同仁間相互攻擊之風尤以為烈。世道衰微，人心至此，殊足為青年者寒心矣。

組織科科長張機以忠直為人，稍欠學能，故屢為「三兄弟」欺侮。日前以未經同意，代簽派錄事一員於組科，今日復以陳幹事又羣不獲科長允許，擅自工作，引起口角之爭。視此情形，嚚張者誠太甚矣，亦足見今世善人之不易立足矣，悲夫！蒃局衣料七百元即匯，並致蔣一中先生一函。接馮方濤自總政一廠四科來信，囑寄兵站醫院黨工資料，可照辦。

9月5日

自三月盟軍在義大利趾狀地域登陸，義軍即望風披靡，抵抗力屢弱。今日報載已在佐勒區建立盟軍堅固陣地，義軍且多投降者。義之不堪一擊，與法國無貳矣，納粹法西斯安在哉？要亦士無鬥志使然。反觀國軍之愈戰愈強，愈挫愈奮，益深信我民族信心之強固也。今反攻緬甸及盟國對日總反攻之期已不在遠，想我日閥統治下之暴軍，一旦潰敗，亦必與義軍相似也。午前發家信，告桐、月獲男。

9月6日

為新聲壁報寫「對於民族健康運動的希望」一文，費了半天腦筋，似乎很覺到疲勞，實在是最近太用腦力之故，不得休息，所以竟是昏昏的不舒適。但工作的重壓始終不得輕鬆，心理的煩惱實為最大原因，自己不有空的精力去溫習功課，也是不滿意的事。現在似乎需要減輕工作，多爭取時間自己看書，以求安慰，營養上也太不足夠應付腦汁的要求，金錢充足的話，應該加油。

本日五屆十一中全會在渝正式開幕，重心為政治建設與
經濟建設問題。

9 月 7 日

　　一年容易又過去，去歲今日正是自黔來綦道上，路
宿南川也。回首當年湘川道上，跋涉千里，即於此遺棄
了康中州同志，追念不勝惆悵，三者，戰通無一人通音
矣。年來身體迭經奔波之餘，■復催老，遠不若早年之
英俊勃勃，至堪深憂，伏案過久，不知運動，要亦主因
也。馬齒陡增，不學無術，殷憂至甚，余將何為而努力
乎？應試考試乎？繼續求學乎？經常碌碌乎？貽羞！其
振奮而起耶。致常州同學謝泌兄信，囑指教進修之道，
附寄小組討論「救國道德之建設」一文，請賜指示。後
日進城，或擬走訪也。生活不能經常持之以恆，此乃
余之大病，似宜痛自鍼貶也。曾子曰三省吾身，寧不自
反也。

9 月 8 日

　　接儲文思學兄來信，擬即去湘工作矣。壽昌兄亦擬
離政工去施也。明天為社會服務處三週年紀念日，本科
較忙，新聲壁報貳大張幸強告成功，接洽電影及修建公
共體育場及籃球比賽，頭緒尚屬紛繁，做事到處遲慢，
可憾。下午借放映電影用大竹桿及梯二張，相當麻繁
也。午後楊兄友孔德昌兄來新。

9月9日

本日赴社會服務處工作，經向警察所張所長愛德借用工具，頗費周折，幸尚借得，以供應用。本日動員監察營士兵五十名修理操場，以工作器具齊全，親自督工趕修，成績尚佳，午後三時前即完成放映電影應用之要求。晚五時開始布置電影場，迄七時半放映，人山人海，為新橋空前盛況也。但斷片太多，是為美中不足。前場擁擠，後場不得而入，亦為秩序上不能事前妥籌維持之故。放映片子為青年中國，影情頗佳，頗可收宣傳之效也。中夜十時半完畢，余亦甚為疲勞矣，但精神上愉快也。

9月10日

接福順兄信，擬去河南代水泥廠工作。上午參加幹事會半天，當時精神至佳，但午後則精神至困矣。晚左眼捷骨酸痛，夜發大汗，疲甚！

9月11日

報載十一中全會修改國府組織法，今後主席仍將總裁兼任矣。自義大利投降後，德軍已開始武裝佔領義北部，並進攻羅馬，德並宣傳組織法西斯傀儡政府與巴多格里奧首格對抗。似此義本部業已陷大混戰之戰場矣，亦言慘矣。大約不日，義即將對德宣戰，而我英美盟軍即將協助義軍與德軍展開激烈戰爭也。至東線德軍，勢已作大規模撤退，蘇軍距基輔僅八十哩矣。

9 月 12 日

十一中全會修改國府組織法，規定國民政府主席為國家元首，兼陸海空軍大元帥。五院向主席負責，主席向國民政府及中執委負責，國府設委員廿至卅六人，五院院長由委員中主席遴選之，嗣後國防會及軍委會似將撤銷矣。行政納入正軌，似最合理想也。中秋轉眼即屆，「每逢佳節倍思親」，不勝依依，異鄉孤苦，至屬愁苦矣。

紀念週時，副部長報告遠征軍兵站情形，稱吾遠征軍配備之汽車兵團，該團有新車九十輛。但史蒂威將軍調查結果，僅二十五輛可用，餘皆以缺某圓鏍釘，致不可使用，憾甚！痛甚！又兵站人員將盟國供應彈藥竊賣後裝入石塊，事為盟國知悉，乃索回原彈藥云，可謂棄面子極矣。國人之辦事不力，貪汙腐敗，誠可傷心耶！

9 月 13 日　十一中全會一致選舉總裁為國府主席

晚月明可愛，良風拂頰，意至可羨。與文祺、育興散步於石壁山頭，徐步迎月，談笑風生，環視山郊星燈交輝，恨「老孔」不在旁揮筆寫生也。旋於中國藥學會旁席地坐談，仰對明月，俯聽蟲鳴，互吐情曲。老楊述及最近羅曼史，倍為興奮，手舞足蹈，更得意忘形也。

9 月 14 日　中秋節

「獨在異鄉為異客，每逢佳節倍思親」，這是旅居他鄉之客，時值良辰佳日必然的情緒，何人更能例外。今幸抗建局勢勝利在握，總裁說：「抗戰勝利早則在今

年，遲則在一年之內」，戰後一年，即行召開國民大
會，選舉總統，而國基奠於磐石矣。顧思團敘非遙，指
日可待也。中午楊育興、羅家寶、郁文祺、張耀廷、
楊堯昌與余六人在科暢敘，加油牛肉五斤紅燒，盡告完
結也。

　　午後與文祺採辦糖果等叁佰元，晚飯則在翁思信兄
家吃。旋參加本科「生活賞月晚會」，於李科長敬伯家
小山頭，參與者另有孔馥華、周韶廣、徐敬德、范秘書
永炎及李太太，甚為雅興。席間縱談國事、生活、社
會、故事，風趣橫生，惜以同仁面皮太薄，缺少遊藝節
目也。月色清朗，高懸潔空，誠可傲視於太虛矣。散後
與文祺——視如己弟——漫步石壁山頭，傾吐衷情，心
曠神怡多矣。旋育興、家寶亦至，興高低詠，夜半歌
聲，感人益深矣。中夜始睡，同室皆已入夢鄉久焉。
（接華澤民信）

9月15日

　　華澤民來渝投考學校，囑代謀劃款。此間以無款可
劃，決暫將自劃四千元中暫分貳仟元應用，並請軼、璋
徐圖設法，果欲祝店代劃，則囑示家中交付情形，未嘗
不可也。郁文祺弟近身體欠佳，精神憔悴，每謂夜中
失眠，至以苦悶深憂云。彼以少年英俊，洵屬前途光明
者，但以家庭所困，不獲卒業高中，並繼續力學深造，
於平生實為重大打擊。近以事親至孝，奉母不忍擇，乃
來此間工作，但以收入至微，工作較多，又不獲經濟上
與求學上之滿足，故煩惱時侵襲矣。晚同赴中山室訪張

崇武病，途中多所喻慰，勉力學與力事，皆是補今日與
未來之不足，毋庸自擾以損身體。「有志者皆可為也，
堯舜豈仙哉？」余以愛其如己弟，而愛己之病危如彼，
實出同病相憐焉。狹哉！吾心之未能寬且大也，今後允
宜善自韜養，胸襟要擴大，同云：「容能載舟方可」。
目總裁當選國府主席後，舉國歡騰，普天同慶，勝利象
徵復興矣。

9 月 16 日

　　晚原擬赴陪都大戲院看電影，但以適為星期四停
電，故中止未赴也。此次係平均負擔，誰也不請誰，每
人各出廿元，以作電影票價及零用之需，誠亦革除了請
客之習慣矣。

9 月 17 日

　　午前讀五幕愛情悲劇「此恨綿綿」，劇情緊張，頗
有所動！旋協助文祺清理檔案，擬澈底協合更生本科檔
案也。晚與寶、郁、育赴小龍坎看電影，月下徐步，娓
娓而談，不覺信步即刻到矣。購票後欣賞小龍夜市，
較新橋倍為熱鬧矣。百貨商店大懸歡迎參觀，但適進門
稍顧，招待即曰：「先生購物」。余等自愧囊貧，齊答
曰：「不言請參觀乎」，招待唯唯而退，余等亦出焉。
八時半入影院，秩序欠佳，中國影皆似也。演出「百
寶圖」，以對話低微，不清辨別，殊難欣賞也。十一
時返。

9月18日

午前十時許，軼叔、見璋、澤民連袂來新，至以為歡。澤民述及繼母督責穎弟至嚴，不悉詳情，至為念念。潘姓外祖父為視店經理，似則繼母確大權可操也，但爾能助吾家中興，一本至誠，意當可無他。中午在部便餐，客菜一百二十元，似屬苟便矣。軼叔帶來劃款千伍百元。午後赴老翁家茶點，旋赴軍醫署看黃祖榮同鄉後，彼等即返沙校矣。偉在家與繼母不洽，至為憾事，偉個性剛直急性，當有不能原諒人家苦衷處，余至盼繼母確能賢淑，以便余家「和洽」則幸矣。

9月19日

九時國父紀念週，俞部長飛鵬主席，余任記錄。各處與各組辦事之懶怠，至為痛心，部座不為訓誥也。返，接大人七月廿九日手諭，到新一月有廿日也。余六月六日函於七月廿九日收到，亦一月廿日可達也。略述：（一）現在營業尚佳，繼母頗能賢助；（二）服「三七」粉後身體甚好；（三）囑與沙榮存君洽償戰前五百元；（四）芳妹告繼母甚篤愛彼等，穎弟則專心習商；（五）英華表姊已於去歲出閣，惜以填房為憾事耳；（五）芬妹擬明春出嫁，念蓀則高小畢業，擬入初中矣，祝蓀欠強，祝芳則返強也。當日詳復家信、芳妹信。致見平信、月、偉姊信各一件。

9月20日

本科放映幻燈，最精彩者為「開發西北」，偌大的

西北，寶藏豐富，真使人神往也。蔣夫人訪美，此吾國
罕有之女界史蹟，揚名全球，可謂恐前矣。

9 月 21 日

　　此次合作社分配平價物品，余抽玻璃杯及襪壹雙，
最為吃虧。連上次抽得萬金油，合計兩次吃虧在千元以
上，較之得印花被單及斜衣被面布者，誠不可論矣。合
作社物品太少，碰運氣分配，實有欠公平矣。近日擬進
城，苦於不能即決，業務牽累也，但勢不可緩，擬明後
即赴重慶也。

9 月 22 日

　　昨日看了「夫與妻」話劇，很感興趣，今日續看
「大地龍蛇」、「維他命」二劇，興趣更為增進。急於
進城，但不得復信也。因沒有開會，老是牽著不能進
城，真是十分煩惱。晚讀老殘遊記續集，頗雅幽。

9 月 23 日

　　上午讀「第五號情報員」，此乃抗戰期中在香港、
廣州間之中日間諜鬥爭，寫實，情節緊張，真實，處處
引人入勝。下午開科務會議。明日擬進城。

9 月 24 日

　　晨乘軍政部交通司交通車赴化龍橋，旋經李子壩，
逕往上清寺美專校街訪許玉瑾。別來十餘年，一旦見
面，不勝今昔之感，現有二女孩矣，詳談略知祝地近

況。旋出赴交通部公路總局運務處晤徐忠良，暢談甚
洽。在該部合作社午餐，甚佳（費百元）。返玉瑾處，
強留午麵，無可奈何，又吃一大碗。錢德昇先生，初次
見面，忠誠樸實之吾鄉先進也。出乘「特別快車」抵都
郵街，逕赴川湘聯營處重慶辦事處謁新友王作峯。乘風
適赴化龍橋交通司也。休息後赴渝導處晤陳耀先，未
遇。晚至民眾觀「木蘭從軍」，甚好。本日宿川湘處。

9月25日

晨赴約晤陳耀先，已外出矣，殊悵！衣料不得解
決，奈何。旋赴同鄉會晤吳永才，一派鄉人得志商人氣
息，殊為使人難受。略談後，彼以事外出。旋檢查同鄉
情形後，赴克成處，午前外出未遇。繼晤放牛巷老鮑，
不久彼事纏外出。余返克誠處談鄉情，殊慰。午餐後稍
休息，誠又外出。醒後得川湘來電，邀即訪沙榮存，乃
離此回川湘。晤乘風，暢敘頗快，彼有意離渝赴黔或另
謀工作，擬邀來新同事，不卜能成否。此事擬回新後與
科長詳商也。原擬即訪沙先生，旋以時間不多，提早晚
飯（百元），旋洗浴，頗為舒爽。繼至唯一看「史太林
格拉」英勇之保衛戰，正可歌可泣，而戰爭之殘酷，誠
慘極人寰矣。晚以南岸玄壇廟中室攝影場打電碼決定來
新，故未再往接洽，當即打電碼回部，苦於不通，殊
憾。晚仍宿川湘聯運處。五時曾在金門照相二寸，價
百六十元，貴極。

9 月 26 日

晨赴導淮渝處說明衣料請友人代取後（購短褲壹條，價七十元），即同乘風至上清寺大田灣一二〇號晤沙榮存及老太太。略談家中往來事，知家中尚有少部田契留沙家也，以款項等皆小，不便多談，即在沙家吃早點後赴化龍橋。沙君新在成都攜眷返渝途中遇險，醫藥治療在九萬左右，幸告痊可，囑代覓老媽子或乳母（沙太太即將產也），並代探重慶醫院設備及住院生產手續。午後乘交通司便車返新，二時抵部，渝遊匆促間過矣。

9 月 27 日

接郁華信，禮券退回，呢料俟運綦後，剪下帶渝可也。接粟概信，知廿四日在經檢隊，相聚失之交臂，殊悵。午後與文祺同赴覃家崗重慶醫院詢問產科住院手續，此乃沙榮存先生囑託也。與科長談乘風事，平快囑寄論文、自傳來此，少校可無問題，並可補股長亦可也。今日工作較忙，大家興趣似好，但忽冷忽熱，想的黯談時又為悽然了。今年稍長，稍有堅忍氣。
「同情心和打字、彈鋼琴一樣，可以由研究與練習而培養成功。」
「對於痛苦的同情，並不是同情最高的形式。」
「任何人都能同情友人的受難，但是要同情朋友的成功，卻需要高雅的天性。」——王爾德

9月28日

　　午前評各級黨部業勤小學試卷，頗多佳作，至以為慰。工作嘉惠學子，亦以自慰也。午後為籌備放映電映，到中山室佈置。晚放電映時辦理招待維持秩序事宜，幸天雨人少，中山室強可容納也。演「吾空萬里」，中國空軍從艱苦中養成奮鬥！至為欣然。中夜十一時許返部，天又值漸漸下雨也。

9月29日

　　擬九月份訓練通訊稿，午後一時赴衛生處參加士兵識字教育留考事宜。該處第一科朱科長殿臣，辦事熱心，義師教師亦佳，成績至佳，倍為欣慰。晚與范秘書縱談時事，並談及本部一般性現象，及本部伙食事宜，伙食不良，營養可影響精神也。

9月30日

　　午前編擬第九期訓練通訊，午後十二時半赴衛生處區分部，監考士兵識字教育。辦理成績殊優，士兵興趣至濃厚，擬請嘉獎也。進謁羅處長至德，英俊有為，昔年嘗在江陵任職也。午後三時舉行部務會報，書座提示注意科與科之連繫與行政技術之改進。繼開科別檢討會，評定上半年各單位成績及討論業小中山室案等，延至六時散會。晚接乘風快函，寄來論文、自傳等，囑以最速件進行，大約或可順利也。科務繁忙，不勝其煩矣。得乘風分勞，於願至慰也。中央頒發小組會議題材第十七集，選登余在六政時的作品「怎樣提高鐵的紀律

和幹的精神」，頗自慰。文燾、文思、壽昌來信殊佳，
至以為慰。文燾則愈西進矣。

10月1日

燕乘風來部工作事，現正積極進行，諒可毫無問題也，此後得一良友相處，至以為慰。午後，部務會議決議之獎懲案全力辦理，半日告竣矣。晚赴小龍坎看夜半歌歌影片，尚佳。但疲勞至極，中夜，竟為洩精矣，但尚為本月第一次，當可無損身體也。

10月2日

今晚，竟繼昨日「遺精」，誠怪矣，此乃身體有失正常健康之表現，似宜設法加強鍛鍊也。接壽昌來信，囑勿以過事勞碌以妨身體，蓋彼深知余工作太認真之故也。接君准信，告接鴻藻家人信，謂「病危求來世相會」一節，對此不勝感傷。有為青年，壯志未酬身先死，忠骨長埋，能無怨乎。天之報賜於善人者，何其慘哉，所謂天道也哉！何求？何解！

10月3日

午前，紀念週後赴合作社購定量分售之陰丹士林布一丈三尺五寸，每尺計二十元，共計二七〇元，擬作襯衣，或贈沙君或偉姊也。午後，百無聊賴，悶睡醒後，更以為苦，獨少談心之處也。

10月4日

乘風今日仍未見來新，至以為念。工作繁重，終日無暇稍休息，實至累也。曾文正公曰：「精神愈用則愈出」，蓋指精神愉快於工作而言，固非吾等之強勉於工

作也。工作月報擬成十分之八九，明晨可完稿矣。

10 月 5 日

羅家寶兄赴中央檢定少校助幹，特請陳毅夫兄協助，並盼訪。乘風兄能於七日來新，以便決定去就也。午後寫新聲「發揚革命精神」一稿，以紀念國慶也。

10 月 6 日

接粟概兄來信，知已決定在公路總局服務，至慰。閱中周高考小記，余二年來夢想一試者，迄以無毅力進行準備，至今未能一試，殊愧。今後似宜及時努力，則來年可得及時一試也。

10 月 7 日

整理總理紀念週盧總參議訓話一篇，涉及到行三聯制大綱，乃翻閱一過。近對撰擬各項通訊等殊覺厭煩，然無形中之進步，實亦至速也。檢閱曾國藩修養日課，愧不能行，自擬日課以策勵，以置案頭，求多自惕也。午後擬小組討論結論「建國信仰之建立」一文，近晚九時許脫稿，尚佳。午後三時，乘風來晤，知以川湘移交拖累，須月底方能來此也。經訪科長後，決定於國慶後謁書座決定之。擬邀作峯兄來此，但疑遲不能決也。

10 月 8 日

作峯兄來部，經介謁科長後，科長甚盼來部屈就上尉宣傳員。但彼以過去曾任上尉數年，以宣傳員之名義

實太吃虧，余亦允其同意不幹，故經商妥後向科長婉
辭！當日午後五時，作峯兄回渝矣。

10月9日

　　赴抗戰功勛子弟學校，佈置雙十節同樂會會場。最
近連日「夢遺」，精神殊差，月來已四次矣，不知是何
道理？發向樸等大批信，寄桐蓀處近照壹楨。

10月10日

　　國慶紀念日，參加本部紀念週，盧總參議主席，余
任記錄。午後赴抗戰功勛子弟學校佈置同樂會會場。繼
在場參觀平劇，由本部平劇社主演，以由毛副處長恭祥
表現，故捧場者至為熱烈，部長以下皆出席，盛況空
前。計有邀燈、投軍別窰、黃金台、大登殿、牧虎關、
全本販馬記等六場，以販馬記最佳。延至一時完畢，余
等則在午夜三時返特黨，至為疲勞矣。

10月11日

　　昨夜三時半後，忽告失竊，楊同志育興制服被竊，
殊為意料外事也。

10月12日

　　接祝三兄自昆明雙十節來信，知桐哥曾於最近到
昆，偉嫂及諸姪均佳，致以為慰。在昆金馬坊大成公司
轉夏窰。大成公司現正研究亞水泥及麥麩提製電木，係
均可成功，至可欣喜。來函對仕妹事頗關注，我意則：

（一）偉哥暨桐、祝及雙方家長均已默許，似可進行，況偉、仕親如姊妹，雙方認識必清，以後彼等相處必可和洽也；（二）仕係城居，以後鄉居，是否能刻苦耐勞，況吾家今後稍複雜，繼母能否和順相處，亦頗置疑，故能得仕妹親悉吾家詳情，然後當無問題矣，故欲彼出任華巷小學教職也；（三）家居精神苦悶，必有傷身心，學問則不進則退，故擬徵其同意出任小教，況今後吾將廁身公務員，能得工作能力女子相助，至為重要也；（四）果能出任教職，則各方當能進步甚多，通信亦可順利開展，假使時局不能即見結束，亦可作來渝之圖也。寫家信，稟告沙君款事及劃款事，及仕妹工作事，並勉諸弟妹努力學養，穎之習商、念之就學，督責企望更殷也。

10 月 13 日

擬明晨赴城參加江陰同鄉會秋季會員大會。近日工作情緒欠佳，疲勞特甚，應付工作外，讀書亦懶散也，奈何！為失竊事，老楊更見心神不安，早夜戈獲竊菜士兵一名，可知士兵行竊者頗多，然亦生活困苦所至也。十四日午前擬赴沙君家清理舊欠事，不卜能如願辦妥否。

10 月 14 日

午前乘公共汽車赴上清寺交部公路總局訪粟概同學，暢敘甚歡，六政老同事也。旋赴克誠處休息，略談家鄉及抗戰前途事，對婚姻問題皆感恐惶也。五時半至

新運服務所參加「江陰旅渝同鄉會秋季會員大會」，協助招呼登記等項。六時許同鄉踴躍前來，一時之盛，濟濟一堂，快愉之情，七年來首次飽嘗也。開會與聚餐同時進行，由章楚先生主席，各項報告完畢後，由同鄉相繼提供政府意見後，王家楨同鄉報告今年璜塘情形，敵人之慘酷，至令人髮指也。會後募捐基金，余捐百元之。旋放電影而散。帶「鄉風」拾份而返，以作分發同鄉之用也。

10 月 15 日

　　晨在同鄉會巧遇吳永才理事，代劃款面付伍百元，合計領用貳仟元矣。沙君款事，囑乘風代詢後函告也。返新途中，在化龍橋中央日報社小休息。謁毛鳳樓，知近日大病也，削瘦得很，更值陶社長移交，材料股長接任不久，反要他去，誠苦矣。返新，知育興兄書座擬調組織科接吳國彬同志工作，余表贊同也。在化龍橋購毛巾兩條，價壹百六十五元，昂矣。

10 月 16 日

　　接華澤民來信，擬覓工作，我意囑彼繼續專心，或入先修班補習。忠良兄來信，亦囑介紹工作，軍械處江培琨亦囑介紹工作，人事應酬，誠為苦矣。本科楊育興調組科成功，則補實問題可告解決。余對毛鳳樓兄甚具良好印象，果能來科協助，實益至盼者也。明日即擬公演話劇「柳暗花明」，乃新生活委員會之第十日晚會也，本日下午頗為忙碌也。周靄華為本部副官，對事諸

多專橫，憑藉拍馬自譽，毫不為同人謀福利，對伙食辦理不力，並破壞改良，更引公憤。余亦深表不滿，擬公開斥責彼之行為。晚，向魏科長公開提出質問，希望改良也。黨部人事混雜，同仁皆抱自掃門前雪態度，殊引為憾。今後有機，或擬盡力糾正此種頹風，稍盡吾之良心也。

10 月 17 日

軍醫署同鄉黃祖榮兄擬入貴陽護訓班受訓，三年畢業，邀約參觀本部晚會，並同訪石梯溝四川省行稽核處同鄉曹荃，未遇，轉託同志代轉鄉風一冊。旋赴中正堂晚會場址協助佈置，因事前接洽與事後交涉頗多出入，致困難橫生，科長甚為氣憤也。吳校長之不易處，對之怨尤特多。晚五時許抵會場時，適本科徐君亦隨眷到，但不知何故巧遇科長脾氣不佳，竟當眾厲聲苛責，使人頗不能忍受，更以家眷隨帶，亦拒之門外。此種態度，實非長官對部下應有之粗暴行為，況徐君在科為時尚短，一切工作表現頗佳，昨天之偶離，亦不過因為朋友來此之故耳。換言之，對徐君可出此，異日何嘗不可轉對其他同仁，語云「狐死兔悲」，故對此事之發生，至以為憾！擬擇暇向彼說明也。或則以徐君係被招考所來，故意可指揮隨便，此亦不顧慮個人之獨立人格矣。育興調組科事正醞釀中，要調則決調可也，否則遷延遲疑，年資上皆吃虧也。

10月18日

育興調組科事，以壽槐庭新介紹同學某，書記長批試用十日，故勢已不能成為事實。當此科務亦缺人之際，育興之去，科長未必同意，故彼此皆不決也。擬有機與科長一談，並商科中人事，敬德事亦可便中說明也。與文郁喜訂自勵公約八條，要以自為惕勵耳。

10月19日

晨，赴科長家暢談，詳悉育興調組科事，係出書記長之意，由此可見書記長倍為關懷人事也。但科中人事不易調整，故科長意不決，轉徵育興同意，育興亦不能知科長意，故遲不決。今壽君既介紹同學，則姑待試之可耳。與談及敬德事，知事出誤會，然修養之不足，亦屬實也，當轉囑敬德安心也，以後開會之時並可提及此事云。便中談及崇武學生脾氣多失禮處，至為可憾。文郁稍好，科長可願也。敬德意趣消沉，似急欲他離矣，果則科中實一大損失也。

10月20日

郭沫若著「屈原」劇本，一口氣讀完。除屈原之偉大、劇情之壯烈足以動人外，正值余近日研讀屈原列傳，故頗得讀書上之助力，而增強興趣也。晚，科中同仁乘興沽酒飯，至以為歡。與育興論「批評」，皆振振有辭，各執己見，實則皆好勝心為之耳。余以個性普通，時常屬機警、爽直，但育興則遲鈍、多疑，故多易引起強辯或雙方不滿之行為，雖內心坦然，實屬欠妥，

今後當有以圖改也。

10 月 21 日

復祝平弟信，勉安心向學，勿過問校事，而對今日之黨派在校中胡鬧，至以為憾。復文燾信，告渝市近況，盼多告邊訊也。復謝恩俊信，囑安心工作，待機來渝可也。江培琨學兄來此，為介紹葛定國兄來科工作事，真傷腦筋，老實說，江兄亦太自大矣。情難推卻，向科長說項酌情錄用，以盡吾心耳。陳又羣與吳國彬即將離部，有人發起歡送加菜，但同仁中對陳頗多不滿者，致未果成。在社會上做事到此地步，尚有何趣也，反觀以利相合，利盡則反，尤爽然自惕也。

10 月 22 日

午前整理中央週刊第五卷，計五二期，每五期合訂一冊，加裝封面並摘特輯名稱，以利參考也。國風亦加整理，內心頗以為慰。午後整理宣訓法規，以備本部付印。來部後工作逐漸納入正軌，至以為慰。

摘工作的箴規以自勵：

（一）在開放予你的各種職業部門中，必須選定其一：那種樣樣事皆想做的人，總是一事無成的。拿破崙告訴我們，戰爭藝術就在決戰點上你勝過敵人一著，生活的藝術就在選定一條攻擊線，然後向它集中全力進攻。有成就的人，都是在一定的時期中專心致力於一件事物的，他們的面前僅有一個單一的鵠的，他們時常幫他們

　　　自己的固執和著魔折磨難，然而他們反覆的猛
　　　攻，終於克服了途中的一切障礙。

（二）應該相信成功是可能的：做力不能勝任的工作
　　　是危險的且無益的。在著手一件複雜的工作的
　　　時候，首先作那最易的部份，有時較為叡智。
　　　三心二意的人認為事事皆可為，然而他們著著
　　　落空。好的工作者知道偉大的事物是可能的，
　　　他們就著手一步一步地去完成它們。

（三）你應該有工作的訓練：你應該知道如何去抗拒
　　　那些想把你從工作中拖開的東西。趕掉那些荒
　　　廢你的時間的人自是一種本分。擾亂來自拜
　　　訪、電話，以及書信，忍受他們是一件不可寬
　　　赦的罪惡，嚴酷地對待他們是你的本分，對於
　　　它的表示最輕微的贊助就等於自殺。歌德說：
　　　「解脫人們的不訂約而突來訪晤的習慣，是義
　　　無容辭的，他們要你關懷他們的事情，並且把
　　　他們的思想來和你的相混擾。我是不需要知道
　　　他們的思想，我自己的還有很多未能整理就序
　　　呢——誰要希望對於世界有所貢獻，誰說不應
　　　該容許自己被這些事物所坑害。」他說：「青
　　　年人呀！你們是不知道光陰的價值的。」「偉
　　　大的人物都懂得怎樣隨時從世界全然引退。」
　　　「在他們孤獨的恬靜中，從他們的眼界中移開
　　　了一切不關重要的事物，他的算定了他們不托
　　　偉業的基礎。」

10 月 23 日

　　午前華澤民、王家祺自沙坪來此，暢談頗快。但告我一特殊喜訊，似出意料之外者，即菊芳與軼叔即將訂婚是也。過去家鄉謠傳見璋與菊芳事，余多不信，至此可謂水落石出。余以彼倆係姨表兄妹，雖素知通信友好，但不卜愛情之生也。余之推測，實為菊芳之見祝三輟學，因而轉趨軼卿，軼則初以應付，終則羈絆不脫矣。但此事家鄉及偉、桐至余皆未及逆料，誠可怪矣。至此處境兩難，誠難為雙方說項矣，但願有情人皆成眷屬，菊芳能早可自謀也。接桐哥十八日航快，利廠前途可望，至以為慰，囑與楊燕庭君處求教，當多連絡也。即請鄧君衡九帶信柏溪也。

10 月 24 日

　　晨，天雨，但為踐約計，仍與文祺赴城。同行抵小龍坎，改乘汽車赴牛角沱，並於兩路口社會服務處進標準餐，每客拾捌元，最便宜之飯也。每人選菜壹個，質量均可，亦復便宜也。旋赴克誠兄處，略談後赴千廝門友處，作竹林之喜，余苦不會，從旁觀也。便訪乘風不遇，已搬離川湘矣。訪導淮辦公處，知呢料已運綦矣。在克友家晚餐，許多小家庭會伙辦理，三、五對夫妻同桌吃飯，實屬妙趣無窮。返克誠宿舍，暢談一切，至慰。馮龍章在華新公司服務，不及往晤。但在祝塘時知九月中曾清鄉一次，交通阻隔，迄九月完畢，皆大歡喜。去錫時曾在旅館晤父親，皆甚好，去祝至便，十五日可抵祝矣。迄中夜始睡。

10月25日

晨起繼雨，至悶。早餐後擬即返新，但以祝地消息
欲告玉瑾，故仍赴美專校街一晤，強留午餐，乃作暢
談。公務員生活之清苦，十足表現矣。午後在牛角沱
晤普揚後返新，但車抵小龍坎拋錨，乃步行返新之，
至苦。

10月26日

草擬業勤小學經費調整數額及設置甲級中山室辦
法。半年來對業務頗能漸趨軌道，並有以控制之，私心
稍慰。讀中周，陶百川兄已返社全力辦理，成績特佳，
一個人精力分散，足見辦事易失效力也（陶先生辭中央
日報社社長矣）。

10月27日

接克誠信，囑同為馮龍章兄洗塵，意難卻焉，然返
往城中二次，將達五百元之應酬，亦屬怪重之負擔也。
科長太太生病，整日未到公，為招呼同仁起見，勢難寸
離，責稍重則自由受縛束矣。家有眷，則家庭為累矣，
孤身漢何嘗無獨享之幸福哉。

10月28日

編擬十月份工作月報暨附件，完成其八九矣。午後
陽光照臨，倍為振奮，曬晒衣服，以重整理也。晚育興
強赴小龍坎看電影，但究不知星期四為照例停電，結果
徒勞往返，真可謂乘興而往，敗興而返矣。一路與家寶

漫談戀愛，值不知路之完矣。

10 月 29 日

寄綦江王炳林兄衣款運料洋貳百元，呢料合價壹千壹百元矣。本部副官周藹華專事拍馬，同仁福利不能設法改善，反而變本加厲，企圖操縱，同仁亦皆表示不滿，但無正式提出異議者。有時余稍伸正義，但反遭周某不滿，而向書座進讒言，正可恨至極。今後有機，或擬晤書座一陳對黨部之感慨也，但亦應考慮出之也。

10 月 30 日

接中國心理建設學會來函，知召開母團留渝同學秋季聯歡大會，擬赴城參加，藉晤諸學友也。母團同學迄無組織，致以為憾，力量分散，奈何！

10 月 31 日

晨八時，主持新進人員宣誓。九時紀念週開始，部長主席，講解兵站業務之改進事項，迄十時始畢。晤同鄉繆參議吟聲，談頗洽。午接偉青信，知二姪頗壯，擬代題名為「鎮中」、「鎮華」，取「中華」之意也。對祝三、菊芳事頗難置答，仍考慮中也。午後赴城，二時半到臨江路中法比瑞文化協會，到會同學僅四十三人，空氣不緊張，出人意外。此乃第一次春季大會之決議不能實行，以失同學信心所致。同學錄未能加印，為第一問題。謝泌兄強余記錄，勉允之。聚餐重心在歡迎吳同學文春，甚力貢獻。雷同學重遠之慷慨激昂，稍打破會

場情緒耳。楊大和同學之謂「任勞任苦」，對同學錄辦
理，頗有說明，最重要之決議為同學錄從速印發。推定
明年春季聯歡籌備委員，進行籌設同學會等數案，五時
散會。繼即與克誠、熙民、李良潤兄（長壽人）在此吃
西餐，每客百元，余實尚係首次也。對本次開會，余頗
不滿，曾堅決主張速印同學錄以建互相。晚與克誠等
共看「民眾」之「逃生」，美片。共暢談鄉情至快。
十一時返克誠處睡，並商祝三兄事，決由克誠側面打
聽也。

11 月 1 日

晨，打電話導處，呢料尚未送渝也。繼晤劉賢文，
有返總政意。又晤徐忠良，知有赴施縣府意。繼晤正權
兄，商入青幹學校事。能入三青幹部學校，確係上進良
機，擬勿失爭取也，克誠亦同此意。繼赴沙榮存處找乘
風未遇，悵悵！談舊欠事，亦不得要領，更以為憾。返
新已十時，至為疲勞。

11 月 2 日

寫訓練通訊第十期。接父親九月一日來信，家中甚
好，百丈里有孫姓女願來後方，余果願意，似可訂婚
也，但意不決也。科中新中校幹事可到，至慰，工作可
減輕矣。

11 月 3 日

整理國父紀念週紀錄，擬定卅三年度計劃綱領。快
函催乘風來新。復家書，以進得廚房，坐得書房，站得
客堂，並能來後方工作二年再結婚者為合格，能互換照
片亦可。對沈氏能助家庭中興，至慰。

11 月 4 日

午前與范秘書擬訂卅三年度工作計劃綱領並細目，
午後擬訂中山堂募捐辦法。

11 月 5 日

接祝平弟來信，囑購棉絮一條，以價格並不便買，

未代購，進城更煩也。完成卅三年工作綱領。祝三與菊芳事不能作具體之意見貢獻，請克誠參考後間接通知祝三兄參考矣。軼叔始終守秘，余不獲全局，更以為難也。

11月6日

午前參加會報，伙委會節餘食米，決由伙委會外賣以改善伙食。本部某以食米不足鬧恐慌，然自楊同志九月份切實認真管理以來，月有節餘，亦怪矣。乘風半月來毫無音信，至以為念，復囑高朗帶信彼伯父燕課長詢之。寫一家稟，家鄉女子果能來後方可工作者，或可為友也。

11月7日

午前，紀念週定九時舉行，但竟延至十時舉行，可謂精神散漫矣。副部長對此提出警惕，並報告本部一般頹風及外人重視後方勤務之實際情形。

11月8日

鄂西戰局轉緊，公安、澧縣、南縣告急矣。蘇軍克復基輔，蘇軍勢將德軍逐出東歐矣。英土會談，土國似可能參加盟國也。黃祖榮兄來信，知在貴時曾晤月姐，並寄放衣物也。業衍璋來部暢談。

11月9日

本科新任少校幹事郭漁洋到差矣。工作方面尚能分

任大部分矣。中山堂籌建計劃綱要完稿，但不妥處甚
多，應刪改也。鄂西轉緊，敵人竄西齋而抵王家廠，勢
迫漁洋關，可謂已抵鄂西山岳地帶之危險地帶。雙方激
戰即將展開，吾人頗以為念也。

11 月 10 日

　　午前參加渝區幹事聯席會議，討論卅三年度工作計
劃草案。加印照片六張，以備不時之急。乘風迄無消
息，不勝悵悵！午後赴四川省銀行稽核處，晤同鄉曹組
長荃，係城內人，為朱徐巷朱治初先生之外甥也，暢談
頗洽，互敘鄉曲，旋返。鄂西日急，連日空軍出動助
戰！或可操優勢也。本部報紙往往不能得閱當日報，殊
苦，誠怪事也。與君淮信，囑酌助士龍婚事，並盼代覓
女友以寄慰精神也。

11 月 11 日

　　本科新到幹事郭漁洋以諸多遭遇拂逆，家室負擔亦
累，在科工作精神似將受限制也。江培鯤一再介紹無用
之人來部侵擾，至以為憾，介紹人而不負責任，事先考
核誠笑話也。為楊育興調升事，本科人事異動，倪筱春
調宣傳員，余升補幹事，楊育興則遞補助幹，似此則余
倆之問題可謂解決矣。

11 月 12 日

　　總理誕辰紀念日，為國定休假日。
　　晨起整理服裝後，以天時尚佳，乃乘興與壽君槐

庭、彭君全金、陳君監緝共遊離此約十二華里之古剎華
巖寺。山徑曲折，起伏不齊，尚有古道可循，道途村舍
林立，間以新型戰時建築，頗具鄉村都市化之優美。沿
途仕女不絕，頗多公務員裝飾，類皆由各類戰時機關外
出之者。吾等於談笑戰地生活之中，不覺已抵寺址矣。
周圍叢林陰鬱，松柏蒼列，意趣境佳，至出而靜也。附
近廟壁標語頗多，乃經濟部到此辦公也。余等先抵正門
拜瞻，但以關閉不得入。旋由小徑折入華巖古剎，遊華
巖洞。剎依巖而建，規模中等，按之重修華巖寺記云：
「縣之西有伽藍，曰華巖，其地在待漏山麓，山故有澗
有泉，雨時飛濺巖窟，如散華然，洞曰華巖，以是狀
之，而寺之命名乃因洞者。考自明始，於民卅一年由巴
邑汪君修葺也。」寺中停有戴傳賢夫人鈕有恆女士之
靈，鈕氏篤信佛教，法號曰蓮花大士。戴氏之自祭中有
曰：「種蓮花因，結安國果。」（安國其子也），至以
為妙。自撰聯句云：「十念自成佛果現，三心頓了妙蓮
開」。朱家驊之輓聯曰：「聖善之姿，淵懿之像；清和
有鑠，光寵有翬」。他無佳處，乃尋徑而出。遇「短
橋」，橋下溪闊，狀可知昔為山澗也。旋入華巖寺遊，
建築頗宏，惜設計似少整齊耳。首於每禪房見新僧五、
六人聚讀經書，審視為尚未入戒者，旁聽亦多誤調處。
室中懸聯云：「誰人肯入世，既蹋紅塵，且縱萬水千山
嘗些辛苦；到底要歸根，來依香界，縱是粗茶淡飯也費
申吟」，似對新僧說法也。旁壁懸聯云：「叢林刺廣，
恐防掛破衣履；石頭蹯滑，謹忍跌倒腳跟」，通俗入
情，絕好佳對也。進入大殿，見眾僧禮經，皆為地藏

經，整齊嚴肅之精讀精神，確乎可為今日叫囂青年學子之效法也。壁間木刻常州天寧寺五百羅漢縮像，千奇百怪，竭盡人間形態之醜惡，亦可見眾心之紛紛矣。繼進拾級抵藏經樓，掛「放彩」牌，不知何解也。兩旁側屋，則以板壁隔為經濟部礦業司之辦公室，推門視之，尚有一、二職員在焉。一個入世最深的經濟界，竟和一個出世最淨的和尚界為鄰，誠亦妙而怪矣。然審察各安其所得，似屬佳鄰，豈非芃帝崗教皇與昔日墨魔同居羅馬之縮影乎。經樓不得入，繞道側門進，此境稍靜，已為方丈及主僧之居聚所。門柱有聯云：「山徑鹿過苔還淨，深林雲來鳥不知」，誠寫幽境之極矣。入門為膳堂，三席，小僧陳列碗筷，整潔謹慎，可知飲食講究也。越膳堂進入「心參大師陞座」之禮堂，雅靜別緻，中置禪座及供品器皿，四壁則書畫羅列，皆精潔而可愛者，至此可知高僧之生活舒適矣。陞座旁懸聯云：「為天地立心，法經覺起；為生民立命，道在人弘」，壁聯有云：「野煙橫古寺，初月照書台」，及「泉石相霞，天然圖畫；青黃碧綠，不琢文章」，皆甚佳也。膳堂有聯云：「心境皆空，有想無想；參禪頓悟，前因後因。」旋曲折出來，知寺中尚設有中國佛學院及醫藥社，但均未及見辦理情形。寺右側未入遊，諒為經部辦公處所也。出寺後見近旁有樹人中學童軍露營，於時幼時童軍生活湧現，趨步前往參觀也。營地尚整潔，皆青年男女學生，果能多經此種野營生活，為青年開創活潑情緒，誠至有利也。歸時已午後一時餘，談笑中不覺新橋已抵步下矣。

11月13日

鄂西戰局轉緊，以石門、澧縣間更為緊張，頗以為念。接克誠兄來信，囑暇赴德昇家共餐，並商談婚姻問題，祝三處已轉告也。為倪調少校宣傳員事，少數人似表不滿，此純係感情用事之論，我等原無此意，於心可安也。晚赴翁思信家漫談，知陳秘書之女現在中大附高二讀書也。

11月14日

午前國父紀念週，由部長指定范秘書永炎報告「中國之命運」第一、二、三各節，演詞流暢，內容豐富，可謂上乘矣。午後與高朗先生同赴彼二子高競家遊，並擬由彼代為楊、羅充覓物愛友，但無適當對象，徒然取笑而已。余等曾試看某女，但羞不能見面，僅見二腿，亦可笑矣，但彼等亦注視楊、羅，反覺拘束，誠更可奇矣。

11月15日

接月姐信及贈照片壹張，為與長學甥合攝，時年三個半月耳。克誠轉來祝三兄函，知偉於產後曾惡瘡，繼則失足摔交，受盡折磨，誠苦矣。現幸完全痊愈，與二兒肥胖為可慶也。克欲我赴渝共研究祝三信，以求復之。炳林來信，知新慕江可望建設，至以為慰快也。午後為郁同志搬家膠車事，前赴豹子溝交通處接洽，鍾幹事毓祉協助，得派馬輕膠車壹輛也。返部時，途中見粉筆書「可謂難得之優秀幹部——忘八蛋」等語句，心

怪，但知為組科壽槐庭、陳熙緝等所謂也，但不在意中，即置之而已。後進科室，始悉此事科長大為不滿，粉筆所言者，皆簽中所有者，似為有意破壞。當時多方考詢，始悉此事終為壽君所作，神經可怪矣。余等平日感情尚佳，況為同學，誠心中不可言狀矣。後彼個人曾向余表示非己所寫，但事實如此也。推其原因，係一時因不滿科長而出，但亦不應如斯，至此余對業衍璋之流毒，更以為憾矣。

11 月 16 日

詹同志再吾到差，任收發工作。

一、整日修訂宣訓法規，發現不合體制或不合實際者至多，要皆閉門造車而訂制之故。疑問時，常向范秘書請示，頗能得其詳善之指導，商討時，亦能出於真誠之態度。嗣後多所請教，於工作上必可得益，於自學上亦可獲助不少也。

二、與范秘書商討組織部第五次總考績案，知文中頗多不近情理，而規定十一月一日須出發視察，同時十二月即須呈報總報告中央，更屬未能注意於時間之運用分配與計算也。

三、檢討半年來特黨成績，頗多顯著進步之點，無論活動工作，舉辦事業，工作月報，可謂逐一納入正軌。以本部工作月報而論，亦能按月呈報，附件豐富，較之過去稽延不報，附件鮮少而假造者，誠不可同日而語。故平心而論，來特黨半載，於工作上之表現，直接間接不無貢獻，果能明瞭實際

者，諒不得否認也。是則，我心已安，毀譽與我
何有哉。

四、報載明年度高考二月中舉行，久思一試者，不獲
如願以償，誠苦矣。迄今精神被工作所累，讀書
已不能如願進行，至以為苦。科中一再物色妥善
人員，亦屬最傷腦筋也。乘風、際輝、士姚皆未
能來此，不卜文思、壽思能來乎。

11月17日

一、昨日郁同志自浮圖關搬家至新，為節省旅資計，
乃商用本部馬拉膠車壹輛。但以時運不佳，天忽
下雨，致泥濘特甚，馬以下坡不能主持，乃疾馳
尤急，結果台、椅、鍋、缸等物，拋散下車，損
失頗重，誠不幸矣。但車尚未覆，未遭巨禍，亦
屬大幸矣，故仍稍以自寬慰。語云：「逆來順受，
萬事耐煩」，以容度可也。做人於此關能捺過，
自可「平心靜氣」，故毀譽中傷，余又何傷哉。

二、鄂西戰局甚緊，至以為念。土有參戰傾向，果成
事實，則巴爾幹可能闢新戰場矣。

11月18日

一、午前科務會議，科長提示本科重要事項，對符同
志離職，特別警惕四川人士之不易輕交，但在省
外川籍人士當例外也。本科人事更動，倪筱春同
志自幹事改調少校宣傳員，余調少校幹事，楊調
少校助幹。科長對余來科後之貢獻，備為讚譽，

至以為愧，對楊亦加讚許，私心亦慰。但對前日
無聊事件之發生，此種卑鄙行為實不值一笑也。
本部以人事與人心之紛亂，對部務則以不置喙為
原則。

二、午後楊同志提出「精神與物質」問題討論，參加者
為郭鑑洋及余與郁文祺數同志，雄辯恆三小時。
以楊之固執成見，未得結論。

三、睡前，室中同仁熱烈討論「三國志演義」及人
物，頗獲興趣與常識。

四、接父親九月廿八日自蘇來諭，家中安吉，芸妹函
告清鄉時聞砲聲也。沙君欠款，囑設法清理也。

11 月 19 日

合作社分配每人定量土白布壹尺、棉花二斤，僅
扣洋貳拾柒元，可謂便宜的禮品矣。午前分致家稟：
（一）詢吳君劃款；（二）孫姓照片及人品；（三）
告沙君年內清理等。為本部舉辦中國之命運測驗，擬
稍加研讀也。

11 月 20 日

午後理髮，旋於三時同郭幹事鑑洋赴城。先步行抵
小龍坎，一路郭兄敘述過去服務情形，及今日之遭遇，
不勝今昔之感。此次以中校科長降調少校幹事，更以遠
居新橋，誠至以為苦矣。余當深表同情也，但環境之困
難，似非吾人力所能助也。郭兄對余頗表好感，頻徵來
日共到渝市工作云。在小龍坎乘糧食部便車赴城，郭兄

盛意難卻，逕抵府上小敘，並宿晚餐，殊感。旋於八時許抵克誠兄處。

11月21日

一、晨起，掛空襲紅球，此乃鄂西戰局緊張，渝市防空襲也。旋以霧重即收。

二、赴金湯街晤陳國楨，在市民醫院內未晤及。旋至火藥局廿七號清潔大隊樓上晤及，暢談至快。郭兄崇益事亦洽商，並談劃款事（澤民兄）。

三、九時許與克誠同訪錢德昇先生，旋便訪粟概，並巧遇李劍鋒（冠軍）同學。知綦江呢料已送德昇先生家，至以為快。

四、與正權、冠軍赴放牛巷經檢隊遊，便晤厚城，瘦弱如前，生活不正常之所致也。在隊晚餐後返抗建堂電映放總隊晤潘佛涵、嚴儒風、榮樹風諸兄，並便中參觀「野玫瑰」，較六政者技藝及佈景佳矣。

五、赴中組部晤陳毅夫，巧遇萬騰祖，略談一切，悉陳長官誠患病頗重，頗以為念。國家中堅幹部，倚望至重，況屬國家未來領袖候選人乎。余等則誼屬長官，更以為念，默祝早日康恢也。育興事已囑協助也。

六、晚赴粟正權兄處便宿。

11月22日

一、晨起即赴錢先生處取衣料後，逕乘汽車返新。擬

業小演講比賽辦法。

二、呢料交德生茂衣店製，價為壹千壹佰元，廿七日
試樣，廿九日取衣。

三、炳林告鶴亭返綦，德傳告綦代廠結束，祝三告鶴
亭調解婚事。

11 月 23 日

一、鄂西、湘北戰局緊張，至以為念。常德已入外圍
戰，危在旦夕也。

二、寄桐、偉信，附寄家信，詢仕妹願否交換照片，
即可否設法專校證件。

三、發家稟，報告此間近況，婚姻則孫、章皆以能來
後方為唯一條件，並因先事交換照片及通信也。
囑弟妹睦鄰，並代父親分勞。

四、贈同鄉沈太太新生活晚會票三張，請瑞祺代轉楊
秀英（女賓相）票貳張。

11 月 24 日

赴新橋四川省銀行訪稽核處曹荃（銘之）先生，暢
談之下，始悉曹先生係桐哥南菁之知己同學，相別十六
年來，頗為相念，而係終未通音者，自前次往晤提及虹
哥，彼更念念不往，故以見詢。余乃以桐哥別後情形相
告，更以為快，深願今後多所連繫，時為往還，並允先
告桐哥，同時示以通信處也。

11月25日

一、午後赴衛生署中正堂佈置電影場，本科全體動員
　　出發，但以倪、孔、張、楊、郭不能協力進行，
　　反而帶人侵擾，故殊感人力不足。

二、會場佈置，事前相當周密，先後借用衛生署及新
　　橋小學櫈子六百五十位，預計可站立壹百五十人，
　　則全場足供容納八百人，而票僅發七百張左右，
　　故預計當可維持局面。但臨時以入場太遲，人數
　　太擠，恐慌現象造成，致頗難維持。而一時無票
　　者分別竄入，人數激增，頓形嚴重。旋以衛生署票
　　亦入場，更屬無法容納，不得已改為廣場公演。

三、查此次會場秩序之難於維持，第一原因為「日本
　　間諜」號召力量太大，故人數超過飽和點。第二
　　原因則會場太小，容量實嫌不足也。第三原因則
　　入場卷數量似較多，但強索講情，勢難應付，況
　　無聊者講情而竄入也。第四原因為放映隊來新太
　　遲，致會場油燈沒有，不能先期入場。而此中原
　　因，書座進城洗浴梯頭，擔擱時間，為主因。此
　　種情事，誠難以強解也。

四、此次「日本間諜」放映影片甚佳，但工作同志誠辛
　　苦矣，吃冤枉苦與吃力不討好，更為傷腦筋也。
　　以後勤部範圍之大，不能自建大禮堂，更屬使人
　　不滿。而此次余計劃擬好，當局仍抱畏難心理不
　　辦，實令人更感灰心也。至午夜十二時許始返部，
　　已備為累矣。

11 月 26 日

我軍英勇保衛常德，屢摧頑敵，最高統帥並予嘉慰，分由石門、漢壽反攻之我軍將縣城攻克。深願戰局已穩定而轉趨攻勢，久懸人心之湘北鄂西戰局，似已稍弛矣。

11 月 27 日

接月姐信，知采叔患病，至念，月囑靜待物色愛人。接謝泌學長來信，囑二十八日赴城兩路口社會服務處參加明年籌備會之座談會。但天氣陰雨，又值兵役署來新公演「反間諜」，似不克前赴也，當即快函通知，但內心仍耿耿也。寫新聲稿「對日環形攻勢的展望」一文。

11 月 28 日

總理紀念週，部長報告「湘北鄂西會戰之情況」，甚為慕詳。以現勢判斷，我軍當能大勝也。晚參觀「反間諜」，崗田貞子演出頗佳。

11 月 29 日

接桐哥航快，寄來國專證明書及高試應試證，並告「仕妹溫靜，較綵為佳」，偉則「仕無眼疾，僅為稍有對節眼而已」，彼母親則主張戰後返里再議。此信即以航快函復，並告曹荃（銘之）在省行事，婚姻則並不急工，根本一、二年中不想結婚也，但得任何女性通信則似未嘗不可也。午前，整理工作日報附件，擬明日完成

工作日報也。

11 月 30 日

　　五十七師余程萬師長率部堅守常德已九晝夜，忠勇壯烈，全國欽仰。刻我各路大軍已合圍常德，內外夾擊，當不難痛殲殘敵也。接父親十月廿六日信，知四千元已折合中儲券二千元照劃。軼叔無信，殊疑，去信問候，菊芳事不知究彼如何也。接克誠兄信，商談祝三與菊芳事，余亦難應付矣。祝三兄來信，不知如何復好，左右為難，誠苦矣。接華澤民自白沙來快函，囑急寄伍百元，難卻情誼，即寄之。劃款是並通知吳永才先生之。詢國楨兄郭崇益事。據傳四國會議開幕，主席出席云。

12 月 1 日

　　此次被選為本部伙食委員，眾望能改進伙食，乃商同張紹基、彭全金二兄協力辦理。經昨天與范秘書協議後，決心今午前召開全體伙食會議，共商進行辦法。結果九時召開，進行甚為完滿，打破年內改進伙食問題公開討論精神之創例，並決議校級二八〇、尉級二五〇元，改為湯菜一、乾菜一，今後當能有所改進矣。下午舉行本組小組討論會，余任主席，討論「中國之命運」，皆能熱烈發言，情緒頗佳。天氣適於運動，晨練排球，近來身體欠佳，太辛苦之原因也。

12 月 2 日

一、伙委會第一天試辦，親赴採購，共用一六二元，以供二桌作菜，成績尚佳。

二、伙委會全體會議決議事項，簽請書記長核示，全部批准，至以為快。

三、接鶴亭先生自歌樂山來信，已攜眷抵樂，囑與家祺兄赴晤敍。

四、復祝三兄長信，申述對菊芳事之立場，附寄桐偉哥及父親來諭。

五、午後與組織科練習排球，提倡運動，似可補助身體也。

六、呢服取回，並付縫工洋一〇五〇元，可稍昂矣。共費二千貳百元，較時價五、六千元則便宜。

12月3日

一、本年冬季服裝，校官每人卡其壹套，扣平價衣料
價洋肆佰元，但按名發縫工費肆百元，適為相
抵。余等以整料拾套送衣店縫製，每人僅工價貳
拾元，可謂此次不化錢而得卡其制服壹套也。

二、蔣委員長偕同蔣夫人暨隨員王寵惠、商震、周至
柔、林蔚、董顯光等，於前月二十一日自渝飛抵
開羅，參加中、美（羅斯福）、英（邱吉爾）領袖
會議。先後一週，於二十八日結束，業已於本月
一日返抵陪都。會議公報抄錄如右。

三、三國會議公報全文（十二月一日發表）：

「羅斯福總統、蔣委員長、邱吉爾首相偕同各該國
軍事與外交顧問人員，在北非舉行會議，業已完
畢，茲發表概括之聲明如下：

三國軍事方面人員，關於今後對日作戰計劃，已
獲得一致意見。我三大盟國決心以不鬆弛之壓
力，從海陸空軍各方面，加諸殘暴之敵人。此項
壓力已經在增長之中。

我三大盟國此次進行戰爭之目的，在於制止及懲
罰日本之侵略，三國決不為自己圖利，亦無拓
展領土之意思。三國之宗旨，在剝奪日本自從
一九一四年第一次世界大戰開始後，在太平洋上
所奪得或佔領之一切島嶼，在使日本所竊取於中
國之領土，例如滿洲、臺灣、澎湖群島等，歸還
中華民國。其他日本以武力或貪慾所攫取之土
地，亦務將日本驅逐出境。我三大盟國稔知朝鮮

人民所受之奴隸待遇，決定在相當時期，使朝鮮
自由獨立。

根據以上所認定之各項目標，並與其他對日作戰
之聯合國目標一致，我三大盟國將堅忍進行其重
大而長期之戰爭，以獲得日本之無條件投降。」

四、發家稟及桐、偉、祝航平各一通，郭鑑洋兄特快
壹通。

12 月 4 日

一、常德包圍戰至達最高潮，我軍居優勢，但敵似增援，
至以為慮。

二、陳毅夫即將與宋女士（同學）訂婚，囑事可照辦云。

三、部務會議，後勤部待遇即有調整可能也。

12 月 5 日

一、參加紀念週，副部長報告國民精神不振作之原
因，在不「熱心」。對於湘北戰事之轉變不利，及
吾站業務之不振作，甚為痛心，勵為訓誡。

二、會後赴衛生署中正堂參觀「衛生展覽」，增加衛生
常識不少也。

三、午飯時，為開飯時間問題，同仁又為爭炒。此間
敗壞紀律之現象，至堪痛心。

四、午後赴川省銀行晤曹荃先生，談江陰人「頑固思
想」的「強幹」精神及缺乏「團結」與「交際」，
也就是缺乏「容量」的氣度，討論至久。擬為文於
「鄉風」發表之。

12月6日

（一）楊育興兄之姪前來，擬覓工作，並暫住此間。
彼正青年求學之時，可為環境之使人壓迫太
重，坐令失學流浪，備歷艱苦之甚矣。憶昔年
武漢與沅陵之流浪為苦，正復相合，不勝今昔
之感，又倍為自惕也。

（二）育興兄遇事膽小心粗，應鍛鍊處至多也，擬每
有良機，總思由彼主持，練習彼之膽識也。在
我克盡同學互助之道，可謂問心自安，即對「文
祺」、「家寶」諸兄，莫不如此推行。一片誠
心，全在青年立場做事，知我者，當能諒也。

（三）士龍知已與陳某女士訂婚，頗以為慰！此兄落
落不能與我相合，不知誰之過歟！擬作書以慰
問也。

12月7日

（一）召開年終工作總報告編輯會議，決定編輯原
則，限本月廿五日脫稿。

（二）近日工作情緒欠佳，埋頭寫作，至感厭倦，身
體亦見退步，至憾。

12月8日

雷重遠與衍章兄介紹段同學純青前來，批准為試用
少校幹事。

（一）原定十日起本部舉行年終擴大晚會，由「勤政劇
團」演出「反間諜」，但本日臨時以經費膨大，

無人負責，竟告中止。後勤部做事誠難矣哉。

（二）接父親十一月三日來諭，知吳永才劃款已於十一月一日取去貳仟元，以比率問題，恐將引起糾纏，誠以為憾。果接永才來信，照付一：一之比率。此彼商人，誠難過往矣。軼叔做事不能辦妥，更以為憾。

（三）芸妹告芬妹定期明年初三出閣，祝蓀則已四歲，尚不能走路，體質軟弱也。祝芳則週歲，恐將早哥而行也。

（四）轉致翁思信先生一函，彼岳母仍健，至以為念。

12 月 9 日

（一）原定停演之話劇，今日仍告上演，反復之離奇，誠屬怪事。今日中國政治不上軌道，做事之難，誠不可逆料也。

（二）接澤民來信，囑代覓清寒保證書及係無保憑單，談及祝三與菊芳事，菊芳似太辜負祝三，謠傳在江陰解約云。軼叔之態度，余則同情也。

12 月 10 日

（一）本部新生活晚會本日由副官處主辦平劇，皆拍馬屁之流之所作為也，臨時混亂不堪。科長以負佈置組名義，強余拉同仁幫忙，余誠上下為難，結果臨時代貼「號單」等後，即將入場卷退回科長返部。楊、郁頗為不平，氣忿不過，皆歎「黨政工作非人所幹」，「副官不是東西」。

（二）「勤政劇團」午時抵新，此次演、停演、復演，一再而三之遲疑不決，一面表示後勤部之腐敗、散漫、主官無力，一面亦適表示勤特本部書座之軟弱無力也、遭人罵、使部下為難，後勤之所以不足有為也。

（三）為新生活晚會話劇入場卷，余曾三次先後向家寶兄索取，但因彼個人一方認真太過，一方亦認識欠明，故余稍拂意，老楊則氣走矣。余乃向家寶兄提出暗示曰：「假使我向科長要，還不是照拿貳拾張，何況或也根本不需要票，祗是備用而已」。寶兄似已領晤矣，但在余總認客氣得很，此種小事，能自己體認做事道理即可矣。

12月11日

（一）本日整個為新生活晚會忙碌，延至晚七時開幕，秩序尚佳。惜中途警總隊倒蛋一次，並在第二幕時電力公司電燈忽壞，乃無法繼演為憾也。

（二）本部無中山室之建築，遇事即向他人借用，低頭作揖，誠本部羞事也。

12月12日

（一）紀念週副部長主席，對於前日本部中山室晚會秩序混亂，大加訓斥，嚴令今後注意秩序，否則今後晚會決予停演。

（二）段純青同學原講定十一日到差，迄到未定，不

講信用，殊憾。

（三）本次晚會秩序，由監護營派槍兵四十名維持，
　　　至屬良好。但中途警總倒蛋，鳴槍破壞，一時
　　　情形緊張，遂巡梭四周。二日來，根本沒有看
　　　劇，「反間諜」成績如何，不得而已也。

12 月 13 日

（一）連接郭幹事鑑洋及徐同志敬德來信，以抱病不
　　　能到職工作，致為苦矣。知科長心緒不寧，沒
　　　有轉閱。

（二）本晚秩序，監護營柴營長特為注意，並派便衣
　　　一隊協助，故秩序之良好，為本部暨新橋之破
　　　天荒也。亦足見國人只有以武力強制就範也，
　　　可嘆甚。

（三）為避免場地與衛生署再發生衝突之起見，決定
　　　明日停映，所有設備，當晚全部拆除。

12 月 14 日

（一）清晨起床後為歡送勤政劇團茶會事，分與秘座、
　　　科長商洽。八時開始籌備，迄十時半舉行，情
　　　緒熱烈，為本部開先例也。如此熱情之交流，
　　　堪告慰政隊同志矣。

（二）午後為范秘書返湘餞別事，又忙了半天。在招
　　　鶴樓設宴，八百元一桌，十菜一麵，頗可。科長
　　　代理秘書，恐吾等更忙矣。

（三）段同學純青到差，堪以為慰。

12月15日

（一）清理積壓五日來之公私事務，精神亦感疲勞矣。

（二）戰團在新同學登記者卅一人，彙寄中央黨部調
查統計局謝同學彙辦。

12月16日

（一）午前科務會議，計劃中央檢視準備事項。

（二）午後參加部辦公廳伙食會議，討論毫無結果。

（三）晚間赴繆參議處談天，並代澤民請證明書蓋章。

（四）精神至為疲勞，晨鼻空流血，宜特別注意也。

12月17日

（一）午前參加部務會報，討論準備視察事項。

（二）王家祺來新約晤鶴亭兄，但以事繁未果，至
歉，囑代候問，及轉告祝三兄與菊芳事，並告匯
款事。

（三）午後集中全力辦理科務，分配準備事項。

（四）晚赴經理處參加識教考試之測驗，成績尚佳。

（五）育興忽生病，工作忙碌而同志不充實，為苦多
矣。據鳳樓告，紀綱擬來渝，至為歡迎也。寄
澤民信及證明書。

12月18日

接中央少校幹事委令。

（一）清晨理髮，開始吃雞蛋二枚，以補營養。

（二）午後赴社會服務處佈置，並解釋孔、楊不生

意見。

（三）午後二時，軍黨處秘、科長來新參觀，對宣訓
卡片備感興趣。

（四）遇徐少清同學，據聞傳說陳長官係在昆被刺，
近日病危中。

12 月 19 日

（一）參加國父紀念週，由汪辟疆先生講「中國之命
運」之學術風氣節。

（二）彙復各方來信七通，準備檢視工作，整理紀錄
一篇。

（三）到參謀處指導檢視事項，徐幹事鴻晉極誠摯
相伴。

12 月 20 日

（一）整日為準備中央檢視所累，但工作進行順利，
至以自慰。

（二）近日近科長暫代秘書職務，倍為忙碌，科務責
任較重，除本科工作同志之領導合作外，兼以對
外洽商，似較煩累也。晚，草擬宣傳科一年來
之工作簡報。

12 月 21 日

（一）收鄒宗毅兄來函，知中政畢業後，現在中訓團
工作，不久即他往。在渝縣中校友至多，董濟
寰師曾發起成立校友會云。

（二）本科整理工作已入軌道，私心慶幸，但精神不
　　　足應付，至以為苦。自修時間不能爭取，自感
　　　恐惶也。

12月22日

（一）接化龍橋交通警備司令部同學來信，寄名單壹
　　　紙。該部有潘先勤同學等八名，詢登記意義，
　　　擬即復告也。

（二）赴副官處檢視，成績毫無，輕視黨務工作，以
　　　此最甚。

（三）今日忽晚，感冒，精神殊不適，故心緒欠佳矣。
　　　新補錄事周宏慈到科，書法尚佳，但不卜其他
　　　品德如何也。

12月23日

（一）午前，赴監護營區分部檢視，並參加直屬分部
　　　之年終黨務檢討會。柴營長森以下連、排長均
　　　出席，分別由張科長機及余、高朗、段純青分
　　　別指示工作事項，迄午返部。

（二）中央黨部視察袁總指導員及鄭總幹事來部視
　　　察，午後分別檢視各科，並召開工作座談會，
　　　各工作同志並相繼報告工作困難與建議。旋散
　　　會，前赴經理處區分部視察，晚宿部。

（三）本科各項準備，經數日來之準備，尚具成績，
　　　頗以自慰。

12 月 24 日

（一）午前於八時三十分舉行工作檢討會，袁、鄭兩
　　　視察抽調本部暨各科工作成績，大致尚屬滿
　　　意。旋出發視察衛生處、參謀處兩區分部暨本
　　　部主辦之中山室及社會服務處。

（二）午後二時三十分舉行工作指導會，由袁、鄭兩
　　　視察分別批評與作工作上之指導。對宣訓方面
　　　之計劃週詳，考核嚴密，頗具佳評。對於訓練
　　　通訊內容翔實，大致嘉慰。對於宣傳通訊，希能
　　　增加材料云。對於中、社，則希望充實運用。

（三）月來以工作過度疲勞，倍為辛苦，精神日疲。
　　　除竭力振作，本曾公「愈用則愈出」之訓示努
　　　力淬勵外，擬稍多爭取時機休息，並加強休養。

（四）郭幹事鑑洋仍奉調回兵工署特黨部為組織科科
　　　長，來部辦理手續後，即返渝矣。

（五）純青來此後，諸方面表現頗佳，頗以為慰。但
　　　二人仍不能減輕余之工作，致以為苦矣。

12 月 25 日

（一）本晚發熱兼夜，勢兇神疲，至以為苦。

（二）終日鼻塞，似屬重傷風病症，頭昏無力辦事。

12 月 26 日

（一）昨晚吃阿四匹靈貳枚，意可發汗解傷風，然竟
　　　無獲成果，出乎意料之外也。

（二）傷風鼻塞難受，精神受損，擬今晚吃生薑湯

治之。

（三）晚吃生薑黃糖湯，果然發汗，中國老法遠勝西
　　　藥，奇矣。迄午夜入睡，精神覺快也。

12月27日

（一）精神稍佳，傷風愈十之六七矣，下午開始辦理
　　　積案。

（二）書座囑籌辦年終會餐及一年來工作檢討。

（三）接渝市同學會通知，囑辦卅三年同學敘餐事，
　　　即辦六、七矣。

12月28日

（一）因二日來工作稍趲，精神又告不支。晚飯後口
　　　中流清水，反胃甚劇。晚發冷寒，傷風之症似
　　　未減輕也。

（二）赴醫務所診視，吃藥片數枚。

12月29日

（一）發給各同學新年餐餐會通知，並附發印就之在
　　　新同學通信錄。

（二）精神欠佳，終日懶於工作。患咳仍不止，以冰
　　　糖泡橘餅食之，以之潤肺也，頗見有效，夜咳
　　　稍止。

12月30日

（一）此次書座獎金壹仟伍百元，由同仁會餐並囑貽

蓏主辦。但魏科長為賞士兵起見，擬分貳百元
士兵，結果同仁反對，仍作罷論。眾頗不歡，
余亦為人難矣。書座下條，余任購置委員，又
為繁矣。

12 月 31 日

（一）接家信，係十一月廿日所發，合家安好，至以
為快。

（二）劃款比率，家鄉確係一：一，吳永才不講理，
真是混張。

（三）偉、祝為仕妹說婚，似有允意，但不能雙方通
信、見面，甚為憾也。

（四）書座交辦一年來之工作檢討書，於午前完稿之。

（五）午後五時會餐，盛況空前，此書座對本年工作
進展，特表滿意之所致也。余以來部工作上之表
現，尚能轉移本部之工作進度，衷心自慰。但自
思尚未竭盡努力，當在可能範圍內求進步也。

（六）六時開科務檢討會，科長對余來部後之努力科
務，備為讚譽，得各同志協力，在科內工作覺
有進步也。

（七）科務會議時，余對同事申明二點：（1）余個性
剛強，好勝而固執；（2）余言語欠暢，如生誤
會，盼能共諒兼以自改也。

（八）本日疲勞特甚，患咳仍不止也。

先父王貽蓀先生事略

王正明 王貽蓀、杜潤枰長女　改寫

　　先父王貽蓀先生，字雨生，江蘇省江陰縣人，民國
七年三月五日生。手足八人，雁行居次。尊翁仲卿公，
任祝塘鎮永平鄉鄉長，熱心公益，先後創辦北山頭、大
河頭國民小學，協辦華巷、徐巷小學，嘉惠鄉中子弟，
得以成材。並開設「王暢茂」糧行，助農民賣穀，再碾
成白米轉售滬上，或代客購糧，均需代墊款項，得利時
即來結帳，虧損時不見來人，無法追索。門市均升斗小
民，待以舉炊，購米多數賒欠。仲卿曰：「救人之困，
人豈負我，不必強之也。」先父幼承庭訓，服務社會，
樂善好施之志，早發其端。江陰長涇初中畢業，入無錫
國學專修學校進修。後考入江蘇省公民訓練師資養成
所，初任教江陰縣夏五鄉民眾學校，復創辦石莊鎮民眾
學校，受任校長，從事民眾教育工作。

　　民國二十六年抗戰軍興，江陰即將淪陷時，奉令結
束校務，隨仲卿公撤往武漢，參加了湖北省鄉政幹部人
員訓練班，結訓分發江陵縣任鄉政指導員，輔導全縣鄉
政建設工作。二十七年離職，入戰幹團通信隊受無線
電技術訓練，二十八年考入軍事委員會戰時工作幹部訓
練團第一團（後改敘為中央陸軍軍官學校第十八期政治
科）。畢業分發至湖北恩施見習，因成績優異調回第六
戰區司令長官部政治部，負責人事行政業務，兼負戰區

特別黨部組訓，復任重慶後方勤務部特別黨部文宣工
作，又轉調中央黨部組織部軍隊黨務處。以工作努力，
勤奮好學，深得長官器重。抗戰結束論功敘獎，獲頒
「勝利勳章」，為不可多得之榮譽。

戰後復員，先父在南京三民主義青年團中央團部編
審室服務，主持《青年模範叢書》出版業務。繼調中國
國民黨中央執行委員會青年部幹事，負責學校文化宣
傳。迨大局逆轉，奉召至海軍總司令部服役。三十八年
攜眷來臺，居高雄左營。先後任海軍供應司令部人事科
長、辦公室副主任、代理主任等職。

民國四十四年郵電黨部成立，即由海軍退役，北上
臺北，任職黨部，歷充各組總幹事，直至退休。先父任
內，專注於協助郵政、電信事業之發展，整理郵政、電
信工會，創立電信黨部，協助郵電婦女組訓，推展郵
電勞工補習教育，提高素質及升遷機會。籌辦全國自強
郵展及四海同心郵展，並推動巡迴郵展和郵票上船活動
（募集新、舊郵票，展示和贈送；藉董浩雲先生船隊流
傳全世界各角落，以宣傳中華民國）。指導各縣市郵局
成立地區文化工作隊，舉辦各類文藝、運動活動，提升
文化素養、促進彼此情誼。創辦《郵光》雜誌，出版
《郵光》叢書，宣揚郵政業務。並為維護郵電協會產業
及增進員工福利，不遺餘力。

先父一生熱愛教育、關心教育，民國四十八年在臺
北縣中和鄉創辦私立中光幼稚園暨托兒所，請胞妹王芸
芳女士擔任園長，期間備嘗艱辛，歷時三十年，培育地
方子弟無數，達成以教育事業服務社會的心願，亦為其

公務外最重要的志業。

　　先父於七十二年五月退休，稍卸重擔，乃偕先母赴國內外旅遊，不僅飽覽寶島各地風景名勝，更遍及美、歐、澳、南非、東亞、大陸等地，見聞所及集成《環球采風》一書。先父好學不倦，定期參加由中華文化復興委員會主辦的文學研究班，上課研讀、聆聽學者專論，從不缺席。拜書法家王愷和為師，勤練書法，臨池無間，尤善「蘭亭」，悠遊藝事，其樂無窮。此外，擔任臺北市江陰同鄉會理事，編輯《江陰鄉訊》，贊助「故鄉子弟獎助學金」，嘉惠鄉人後輩。也參加中華郵政退休人員協進會義務工作，擔任「會訊」的撰寫與各方的報導，分享郵政事業的進步。並鼓勵退休人員組成集郵委員會，定期聯誼，交流集郵訊息，協助推展集郵活動。

　　先父與先母結縭五十七年，鶼鰈情深，親朋稱羨，體健神清，民國九十一年先母仙逝，遽失良伴，心傷之餘，遂大不如前，且行止維艱。九十八年八月底因呼吸道感染緊急送醫，住院二十餘日，癒後轉入醫院護理之家療養。不意十月十四日溘然長逝，嵩壽九十有二。

　　先父個性剛正，樂觀進取，勤學奮勉，任事果敢，不畏艱險，認真負責；為人溫文敦厚，謙沖為懷，提攜後進，助人為樂，眾所敬重。

後記

王正明
王貽蓀、杜潤枰長女

　　在整理掃描完成父母親在抗戰期間，由生活費的支援到相識、相戀、結為佳偶的信件後，正準備打成電腦文字檔時，無意間看到一只父親特藏的箱函。內有數本陳舊的書冊──父親的和母親的日記，以及父親在湖北受鄉政幹部訓練的結業手冊、受電信訓練的一本工整的通信隊無線電報技術筆記簿等。

　　當打開那本袖珍陳舊的練習簿仔細一看，竟是母親民國二十八年一月一日到十二月十七日，是她在與父母分手，獨自留在長沙九五後方醫院擔任看護中士工作半年後的日記。裡面密密麻麻用蠅頭小字，鉅細靡遺的記載了她那年的生活點滴及感想。一個十七歲初二肄業的少女，以細小且生澀的字跡和語句，但整齊的按日（並以火水木金土日月標記星期）記下那物質匱乏、變動年代的種種。母親唯一有次向我說道：「我在醫院後撤行軍時，在荒山野嶺的山路上，碰上生理期，當時用品粗糙且無法即時更換，走到大腿內側因乾血磨破皮，疼痛到寸步難行。後得醫官將其載具──轎子讓給我坐，才得解脫痛苦。」這是母親刻骨銘心的抗戰往事，也激勵我日後遇上生理狀況不再喊苦。在日記中讀到這段文字時，再三重讀，掩卷感嘆母親的耐苦，不禁留下淚來。

在後撤途中，母親終於得知教育部將在貴州銅仁創辦國立三中，收容流亡青年免息貸款¹就學。毅然辭職前往爭取就學機會，歷經辛苦等待及轉折，終於考取復學初三，並直升完成高中學業，還考上貴陽醫學院──她當年繼續升學的目標。可惜僅就讀一學期，終因戰事嚴峻，郵路不通與家鄉通訊中斷，財務接濟不上，忍痛休學。為謀能獨立生活，考取郵政郵務員，使生活安定下來，而成為母親終身的職業直至退休。在這段艱苦的求學路上遇上困厄，母親就會以外祖父留給她的話：「耐苦耐勞、守職勤儉。」激勵自己努力突破困難、堅持自己的信念，令我敬佩不已母親朝向目標的毅力。另外在日記中常提到的一件事──日軍漫天無差別的向平民聚集地區的轟炸。無知、無辜的百姓和受傷的士兵，身家財產的損害和犧牲，讓她深切痛心，充滿著悲憫之心，更加深我對日本侵華的憤怒。

父親民國三十年的日記也是本泛黃封面鬆動的練習簿，我立時找張白紙加固，便於日後翻看。這是父親考入軍委會戰幹團第一團第六期²結訓後，分發見習開始的日記。他把每日重要事件如分發調職行軍的經過、收到家書的興奮、重要讀訓心得、身體狀況、與同事及兵士的相處、待人處事原則與態度、心情感觸……等，都仔細逐一記下。最後並附有大事記，讓我很快就明瞭父

1 在母親的高中畢業證書上，蓋著貸款國幣 1623 元零角五分的印戳，背後貼著一張教育部頒發國立中等以上學校貸金償還辦法。
2 軍委會戰幹團為軍事委員會戰時工作幹部訓練團之簡稱，現都歸入陸軍軍官學校學生。

親在二十六年離開家鄉，奔赴後方的前後行止，以及求
取知識和新出路的努力，終於皇天不負苦心人，投入正
式軍旅，參與抗戰行列，繼而展開記錄人生的日記工
作。他的日記持續到手無法握筆書寫小字[3]為止，都妥
為保存。

　　此次編輯出版的日記，我僅閱讀了母親二十八年和
父親三十年一半的內容，父母親的字跡有的很好辨識，
有的則相當困難，編輯們非常辛苦的一一打印出來，我
深深感佩與感謝！記得我看到父親在大事記中提到川湘
公路二千公里的行軍[4]，在三十年元月，因戰幹團結業
分發湖北恩施見習的川鄂公路行軍，到六月見習期滿調
回四川黔江六戰區工作，再次沿川鄂公路行軍返回。特
地去翻找出地圖，一一比對途經何地？確實是那時代中
國人為抗戰而走的一小部分路啊！在見習期間遇上疫病
流行，據說是傷寒，死了不少新兵，父親亦被感染，發
燒吐血，後得大哥及同鄉的救濟，獲取極缺乏的藥物而
痊癒，但落下瘦弱的體質，直至中年後才逐漸好轉。另

3　父親於八十四歲，母親過世後出現較明顯的巴金森症狀，執筆已
　不能書寫五字以上的字句，愈多字愈不成字形，即封筆不記日
　記。但仍能執毛筆寫中、大楷字，直至九十歲才停止毛筆習字。

4　川湘公路行軍，是父親二十七年受完鄉鎮人員訓練分發湖北江
　陵，工作一年餘受大哥力邀去廣西桂林另謀出路發展，與同時離
　職的二位好友轉往湖南沅陵，準備南行。不意大哥因大嫂已安抵
　昆明，離桂前往會合，且戰事亦延燒廣西而作罷。父親在沅陵發
　現正巧錯過戰幹團的招生，無奈只好先加入戰幹團的通信隊，學
　習無線電技術，駐瀘濱受訓。於二十八年四月奉令轉往四川綦江
　訓練。四月十五日沿川湘公路出發，至五月二十一日安抵綦江，
　完成二千公里行軍至四川綦江禹王廟，十一月完成基本教育，並
　展開實習，表現優異。十二月底得知戰幹團招生，在戰通隊請假
　獲准，前往應甲級試，得隊中唯一錄取者，終於謀得貫徹入團的
　初衷。

有件事是父親曾提起的：在戰幹團受訓期中，同學間發生異黨案，彼此間提報為共產份子，父親亦被列為嫌疑者，尚幸未被關禁閉，最後全身而退。當時對共產黨非常敏感，因此有部分同學遭難。父親很感慨的表示在紛亂不安的局勢中，人們互相不信任產生誤解，而彼此傷害，實為一大憾事！

　　父親自日軍侵入家鄉，離家奔赴大後方起，與親人聯絡收取的信件和大伯轉交的親人信件，三十年以後的日記和相關文件、證件等，以及母親的日記、證件和信件，他都妥善裝訂收存，隨身攜帶，跟著遷移，由江蘇江陰夏五鄉、石莊鎮，湖北武漢、江陵、恩施，湖南沅陵，四川綦江、黔江、新橋、重慶而江蘇南京，再渡海來到臺灣高雄左營，臺北市仁愛路、北投區、新北市（臺北縣）中和鄉、新店區，遷移、搬家不下十餘次，次次都完好如初。雖不幸於七十二年的九三暴雨，慘遭水淹損失一批日記、相片，但文件、信件都及時搶救未有損傷，真是大幸！這批編輯了父、母親在抗戰時的生活記實日記，每每翻看，字字如畫面呈現眼前，感受他（她）的經歷與傷痛，不是我輩所能想像的。回看那個時代，這些隻字片語或許能給歷史留下一些跡證，現能編輯成書，也不枉父親辛苦的保存與收藏。

民國日記 89

王貽蓀戰時日記（1943）
The Diaries of Wang Yi-sun, 1943

原　　著　王貽蓀
編　　者　民國歷史文化學社編輯部
總 編 輯　陳新林、呂芳上
執行編輯　李佳若
封面設計　陳新林
排　　版　溫心忻

出　　版　　開源書局出版有限公司
　　　　　香港金鐘夏愨道 18 號海富中心
　　　　　1 座 26 樓 06 室
　　　　　TEL：+852-35860995

　　　　　民國歷史文化學社 有限公司
　　　　　10646 台北市大安區羅斯福路三段
　　　　　37 號 7 樓之 1
　　　　　TEL：+886-2-2369-6912
　　　　　FAX：+886-2-2369-6990

初版一刷　2021 年 12 月 31 日
定　　價　新台幣 330 元
　　　　　港　幣　90 元
　　　　　美　元　12 元
I S B N　978-626-7036-54-9
印　　刷　長達印刷有限公司
　　　　　台北市西園路二段 50 巷 4 弄 21 號
　　　　　TEL：+886-2-2304-0488

http://www.rchcs.com.tw

國家圖書館出版品預行編目 (CIP) 資料

王貽蓀戰時日記 (1943) = The diaries of Wang Yi-sun, 1943/ 王貽蓀原著 ; 民國歷史文化學社編輯部編 . -- 初版 . -- 臺北市 : 民國歷史文化學社有限公司 , 2021.12

面；　公分 . -- (民國日記 ; 89)

ISBN 978-626-7036-54-9 (平裝)

1. 王貽蓀　2. 傳記

782.887　　　　　　　　　　110021636